# 내 안에 있는 천국을 찾아서

*Spiritual pilgrimage*

-영혼의 순례-

내 안에 있는
**천국**을 찾아서

**2014년 3월 10일 초판 1쇄 발행**

**지은이**    이기승
**발행처**    도서출판 선교횃불
**등록일**    1999년 9월 21일 제54호
**등록주소**  서울시 송파구 삼전동 103번지
**전   화**    (02) 2203-2739
**팩   스**    (02) 2203-2738
**이메일**    ccm2you@gmail.com
**홈페이지**  www.ccm2u.com

ⓒ 도서출판 횃불

# 내 안에 있는 천국을 찾아서

## Spiritual pilgrimage

### -영혼의 순례-

이 기승 지음

신교횃불

# 서론

그리스도인들은 믿음의 조상 아브라함이 바라보았던 영혼의 본향인 천국을 향해 가는 순례자이며, 또한 자신의 내면에 있는 천국을 찾는 영적인 여정(spiritual journey)에 들어선 순례자들이다. 예수는 "천국은 너희 안에 있다"(눅.17:21)고 말씀하셨다. 히브리서 기자[1]의 말대로, 예수 그리스도는 프로드로모스(prodromos), 즉 순례의 리더로서 이 순례를 이끄신다.

천국은 역사의 종말에 임할 실재이지만, 현재 우리 안에 있는 실재이기도 하다는 예수의 선포는, 필자 자신의 경험 상 그간 그리스도교 서클 안에서 별 관심을 끌지 못하였던 것 같다. 그간 여러 가지 정치, 사회, 경제적 이유 때문에 강단의 선포도 내면의 천국보다는 종말에 들어갈 천국에 집중되어 있었다. 그래서 많은 이들이 신비적으로 저 위에 있는 천국으로 도피하는 성향을 보였고, 다른 한편 올바른 방향성 없는 극단적인 개인주의적 신비 경험은 교회와 사회에 많은 물의를 빚기도 했다.

예수께서 말씀하신 것처럼, 이제 종말에 임할 천국은 하나님의 섭리의 손에 맡기고[2] 우리는 예수께서 선포하신 내면의 천국 찾기에 힘

---

1) 히.6:19-20. 시39: 12에 의하면 하나님은 순례의 하나님, 즉 우리와 함게 순례하시면서 우리의 순례를 이끄시는 하나님이시다.
2) 행.1:7

을 쏟아야 한다. 그리고 천국을 찾은 다음 우리는 세상을 사랑으로 섬기러 밖으로 나가야 한다. 그것이 오늘 우리가 당면한 시급한 과제다. 그렇게 할 때 우리는 성경에서 말하는 진복(眞福)을 누리는 하나님 나라 백성이 될 수 있다.

필자는 이 글에서 무엇이 구원 얻는 믿음인지부터 시작하여 내면의 천국을 찾는 영적 여정에 대해서, 그리고 그 과정을 가로막는 여러 장애물들과 해결책을 제시함으로써 그리스도인 순례자들을 조금이라도 도우고자 한다. 그렇게 하기 위해 구원에 관한 전통적인 신학적 페러다임을 위시하여 여러 학자들과 영성가들의 가르침과 경험을 들추어 낼 것이다.

한편 이 글이 과연 얼마나 천국 순례자들에게 도움이 될 수 있을까 하는 두려움도 없지 않다. 하지만 지금까지 순례자의 한 사람인 필자가 고심하며 경험한 바를 토대로 글을 써 나갈 것이다.

이무쪼록 졸필을 접하는 모든 순례자들에게 순례의 리더이신 예수의 은총이 함께하시기를 기원한다.

*천국의 순례자 이기승 목사*

# 목차

# 제1장. 구원에 이르는 길

우리는 우리 자신의 영혼 안에 천국을 숨겨두고 있다.
하나님은 자신 안에 있는 천국을 깨닫게 될 자를
찾고 계시고 그런 사람에게
최고의 가치를 부여하신다.

-존 A. 샌포드-

# 제1장
# 구원에 이르는 길

역사적으로 교회는 창조-타락-구원의 신학적 페러다임을 갖고서 하나님의 은혜로운 구원 행위를 선포하는 사명을 감당해 왔다. 물론 이 페러다임은 하나님의 구속역사(Heilsgeshchite)를 담고 있는 성경의 계시 역사를 토대로 삼고 있다.

창조주 하나님은 에덴동산을 창설하시고 그 동산에 자신의 형상대로 아담과 하와를 창조하시고 그들이 그분과 갖는 친밀한 교제 안에서 행복을 누리도록 계획하셨다. 그러나 불행하게도 그들은 불신과 불순종의 죄를 저질렀고, 결국 에덴에서 추방당하고 말았다. 창조언약을 깨뜨린 나머지 실낙원한 아담과 하와를 비롯한 이후의 모든 인간은 필연적으로 죽음으로 한계 지어진 삶을 사는 동안 에덴 콤플렉스(Eden Complex)와 죽음의 증상인 온갖 질병들을 위시한 여러 가지 정신적 심리적인 병적 증상들에 시달리게 되었다.

참으로 죄로 인해 인간은 인간 이하의 존재로 전락했다. 실로 죄는 인간의 궁극적 궁지(ultimate predicament)다. 죄는 인간을 하나님으로부터, 자신으로부터, 그리고 이웃과 자연과의 관계에서 소외시켰다.

소외된 인간은 실존적 불안을 피할 수 없게 되었다. 그리스도교는 실존적 불안을 죄와 죄책, 무상(無常), 필멸(必滅)에 대한 고뇌, 무의미라고 말한다. 그리고 요한복음서의 저자인 요한은, 이 소외를 자신의 내적 원천과의 단절, 사랑할 능력이 없음이라고 본다. 그러므로 요한의 입장에서 보면, 참된 구원은 인간이 하나님의 생명과 능력으로 가득차는 것이다.[1]

구원을 얻지 못한 인간은 영적 갈급함에 시달리고 있다. 브루스 다마레스트(Bruce Damarest)는, 인간이 갖는 영적 갈급함은 인간이 하나님의 형상(Imago Dei)으로 지음 받은 것에 기인한다고 말한다.[2] 하나님의 형상을 따라 창조된 인간은 오직 삼위일체이신 하나님에 의해서만 다시 회복될 수 있다. 그러면 우선적으로 인간의 죄의 성격과 그 결과물들 중 대표적인 몇 가지를 생각해 보기로 하자.

## 1. 죄와 그 결과

궁극적으로 인간을 죽음과 죽음의 여러 가지 증상들인 영적, 정신적, 육체적인 질병으로 인한 고통과 불행에 빠뜨린 것은 근원적인 손상(Original Damage)인 죄다. 죄가 인간 불행의 궁극 원인이다. 그러므로 죄의 문제를 해결하지 않으면, 에덴에서 추방된 인간은 죽음을 위시한 온갖 딜레마에서 결코 헤어날 수 없다. 어떤 딜레마보다 우선적으로 인간 자신이 하나의 딜레마이며 궁지라고 말하는 편이 더 나을 것이다.

---

1) 안셀름 그린, 「구원」한충식역(서울: 분도출판사, 2010), p. 19.
2) 브루스 다마레스트, 「영혼을 생기나게 하는 영성」김석원역(서울: 쉴만한 물가, 2004), P. 43

그렇다면 죄란 무엇인가?

죄는 하나님에 대한 인간의 불신뢰와 하나님의 명령에 대한 불순종이며, 그 뿌리는 인간의 한계를 넘어 신의 영역에 도전한 인간의 교만이다.[3] 하나님의 선하심을 불신뢰하고 "선악을 알게 하는 나무의 열매를 먹지 말라. 그러면 정녕 죽으리라"[4] 하신 하나님의 준엄한 명령을 어기고 아담과 하와가 그 나무의 실과를 따먹은 행위는 하나님에 대한 불신이며, 인간의 한계를 받아들이지 않고 거룩하신 하나님의 영역을 침범한 인간의 불경하고 교만한 불순종의 행위다.

인간이 저지른 죄는 비단 수직적으로 하나님을 향한 불경건과 불의만이 아니다. 그것은 수평적으로 다른 인간과의 관계도 파괴한다. 위르겐 베르비크(Jurgen Wervick)는 죄를 자기 관점의 절대화라고 말했다. 죄란 전우좌우 사정도 깊이 생각하지 않고 남에게 미치는 악영향도 무시한 채 거리낌 없이 남을 침탈하며 흥청망청 사는 것이며, 이런 짓이 야기하는 모든 결과에 대한 책임을 희희낙락 무시해 버리는 경향을 말한다.[5] 데이비드 베너(David Benner)는 이러한 경향을 하나님의 왕국(Kingdom of God) 대신 자기의 왕국(Kingdom of self)을 추구하는 인간의 고집(willfulness)이라고 꼬집었다.[6]

---

3) 전통적인 관점에서 죄는 교만이다. 자아만족, 자아확장, 그리고 다른 이들을 통제하려는 강한 충동이다. 마크 맥민, 티모더 필립스(ed)「영혼 돌봄의 상담학」한국복음주의 기독교상담학회 역(서울: 기독교문서선교회, 2006), p. 199. 베네딕트 수도사 그레고리는 죄의 뿌리를 자만심에 두었다.

4) 창. 2:17. 사탄은 모든 실과를 먹지 말라 하더냐?고 물음으로써(제한의 극대화) 한 가지 초점(선악을 알게 하는 나무)을 흐리게 만들엇고, 결코 죽지 않으리라고 말함으로써 결과를 최소화했다. 하나님처럼 되리라고 말함으로써 금지된 행동을 필요한 것처럼 만들었다.

5) 브루스 다마레스트. p. 20

6) David Benner. Desiring God's Will. (Illinois: Downwers Grove: 2005), p. 33. Willfulness의 반대는 Willingness곧 하나님의 뜻에 대한 완전한 순종이다.

비극적으로, 인간은 죄로 말미암아 하나님의 창조가 의도한 인간 이하의 존재로 전락했다. 죽음은 인간 위에서 왕 노릇하게 되었고, 원초적인 손상인 원죄(original sin)의 나무에서 자라는 가지들인 온갖 죄와 질병들과 삶의 과정에서 필연적으로 발생하는 모든 외상들(traumata)은 인간 최초의 타락 이후 지금까지 인간의 숨통을 옥죄고 있다. 그 외상들은 무의식 층에서 원초적인 손상과 군집되어 인간을 더욱 왜곡시키고 그림자 투사(shadow projection)[7]를 통해 모든 인간관계에 치명적인 손상을 입힌다.

죄는 항상 치명적이다. 죄는 하나님과 인간 사이의 관계를 파괴하며 인간을 하나님으로부터 소외시켜 깊은 좌절감과 절망과 영멸(永滅)이라는 불행에 빠뜨린다. 그리고 모든 인간관계에 막강한 파괴적인 힘을 발휘한다. 그러므로 천국을 찾는 그리스도인의 영적 순례에 가장 큰 거침돌이 되는 것은 바로 이 죄다. 그리고 죄가 남긴 치명적인 결과물들 가운데 중대한 몇 가지 결과들을 들자면 다음과 같다.

### 1) 자기숭배

죄로 인해 하나님과 분리된 인간은 하나님 자리에 자신을 두었다. 그것은 자기 숭배[8] 혹은 자기 우상화이며, 그것은 자기를 기쁘게 하는 자기 본위(self-will), 자기 노력을 신뢰하는 자기 과신(self-confidence), 그리고 자기를 높이는 자만(self-exaltation)으로 드러난

---

7) 마. 7:3-5. 형제자매의 흠과 티는 자신의 내면에 있는 그림자의 투사다. 예수의 말씀의 초점
   은 그림자 투사가 중지될 때 영적 성숙이 일어난다는 뜻이다.
8) 자기 숭배를 자기애(self-love)라고도 할 수 잇다. 자기애는 성경에서 말하는 자기를 사랑하는
   것(loving oneself), 곧 자기 존중과는 다르다.

다.[9] 테니슨(Tennyson)이 말한 바와 같이, 결국 "인간은 자신의 방에 갇혀 있다"[10]

## 2) 기본적인 자아 집착

기본적인 자아 집착(basic ego attachment)은 자기 숭배와 같은 맥락에서 다룰 수 있는 죄의 결과물이다. 이는 루벤 하비토(Ruben L.F.Habito)가 *Living Zen, Loving God*에서 말한 그리스도의 본성(Christ-nature)인 케노시스(kenosis: 비움과 낮춤)와 상반되는 자기 생존 전략 가운데 하나다. 또한 자아집착은 소유 정신(attainable mind)을 낳는데, 이로 말미암아 하나님을 떠난 인간은 비워진 존재의 중심, 곧 하나님의 자리를 다른 무엇으로 끊임없이 채우려는 소유 정신의 노예 생활을 하게 되었다. 이는 참 자기(true Self)의 대극인 바, 에고(ego:자아)의 중대한 죄는 무지(無知)다.[11]

센포드는 다음과 같이 말한다:

> 쿤켈은 자기중심성을 성경의 원죄에 관한 개념과 같은 의미로 본다. 이것이 우리를 타락시키는 것으로, 치료를 요하는 영적인 병이다. 쿤켈은 치밀하게 숨겨진 악마에 관한 비밀이 있는데, 에고가 바로 그 악마라는 것으로, 자기중심적인 상태에 있는 에고는 원형의 악마가 영혼으로 들어와 결국에는 영혼을 소유하게 되는 문이라고 말한다. 쿤켈은 이런 일이 일어날 때 "그것을 알지 못한다면, 자기

---

9) 엔드류 머레이. 「나를 허물고 주님을 세우는 삶」박이경 역(서울: 아가페, 2004), pp.32-33.
10) 웨인 오우츠. 「그리스도인의 인격장애와 치유」안효선 역(서울: 에스라 서원, 1996), p. 66.
11) 존.A 센포드. 「영혼과 육체의 치유」 문종원역(서울: 생활성서,2006),p. 59.

중심적인 애고는 비록 빛에 봉사하는 것 같지만, 항상 악마와 어두움 편에서 싸운다"라고 설명한다.[12]

자기중심적 에고는 늘 자신을 보호하는 데 목적을 두며, 나아가 안전이나 권력에 대한 야심을 드러낸다. 따라서 늘 창조적이며 자유로운 진실한 중심과의 관계를 끊게 됨으로 창조적인 중심을 만드신 하나님과의 관계도 끊어진다.[13]

하비토는 무소유 정신(unattainable mind)을 영생의 본질로 취급한다. 그래서 그는 영생하는 존재를 자기를 완전히 비우는 참된 자기(True Self in total self-emptying)로 정의한다. 이 참된 존재는 무(no-thingness)를 경험하는 데,[14] 그 까닭은 하나님이 태초에 무에서 유를 창조(creatio ex nihilo)하셨기 때문이다.

### 3) 거짓 자아와 자기거절

거짓 자기(false-self)[15]의 원천은 한 개인이 어려서부터 가져왔던 무의식적인 동기, 이성으로 판단할 능력을 갖는 시기인 이성기(理性期) 이전에 형성된 정서 프로그램, 그리고 어느 집단 혹은 집단들과 자신을 동일시한 것들이다. 거짓 자기 영향은 의식적으로 혹은 무의식적으로 우리의 삶의 모든 측면과 활동들로 확대되어간다.[16]

---

12) 샌포드. p.97. Kunkel: Selected Writings, 387 재인용.

13) Ibid.

14) Ruben L.F. Habito. *Living Zen, Loving God*(Boston: Wisdom Publications, 2004), p. 15-16.

15) 앞으로 참 자기는 true-Self로 표현하고 거짓 자기는 false-self로 표기하겠다. 그리고 의식적인 자아는 ego로 표현하겠다.

16) 토마스 키딩. 「관상 기도를 통해 하나님께 나아가는 길」엄무광 역(서울:카톨릭출판사, 2005),

거짓 자기로 말미암아 우리는 자기애적 욕망의 세계에 파묻힌다. 어떤 면에서 개인적인 죄는 자기 행복을 위한 프로그램에서 열린 열매이다.[17]

거짓 자기와 관련된 자기거절(self-rejection)은 오만(arrogance)이나 수치(shamefulness)로 표현된다. 원래의 자신의 모습에 대해 편안해하지 않으며, 그래서 부족한 것을 보충하기 위해 다른 얼굴을 연출한다.

다른 한편, 거짓 자기를 가진 자의 의식적인 자아(conscious ego)는 자아팽창(ego inflation)에 빠지기 쉽다. 만일 한 개인이 자아 팽창에 걸리면, 그 또는 그녀는 자신을 과대평가하고 자기 거절의 경우처럼 오만해진다. 한 밤중에 예수를 찾아온 니고데모[18] 같은 경우, 과대평가의 가면(mask)을 쓴 인물로 평가할 수 있다. "물과 성령으로 거듭나지 않으면 하나님 나라를 볼 수 없다"는 예수의 말씀은, 자아 팽창으로 말미암아 쓰고 있는 가면을 벗어던져야, 즉 진정한 자기를 발견해야 하늘나라 시민이 될 수 있다는 메시지로 해석할 수도 있다.

## 4) 강탈 신드롬: 타락한 인간의 생존전략

하나님과 관계가 단절된 인간은 원(原) 나무에서 잘려나간 나뭇가지와 같아서, 에덴에서 추방당한 이후 지금까지 강탈 신드롬(Usurpation syndrome)에 의해 그 제한된 자원을 보충하기 위하여 작게는 이웃, 크게는 이웃 나라의 자원을 빼앗느라 각종 전략을 구사하고 필요에 따라서는 전쟁도 불사한다.

---

p. 13.
17) Ibid., p. 40.
18) 요.3장.

타락 이후 개인적인 차원에서나 집단적인 차원에서 인류가 저지르는 모든 범죄 행위에는 이 강탈 신드롬에 의한 것이다. 실낙원 이후 면면히 흐르는 인류 범죄의 역사를 담고 있는 창세기의 역사로부터 시작한 오늘날의 세계 현실은 이 강탈 신드롬으로 말미암아 빚어지고 있는 구체적인 현실을 한 폭의 그림처럼 생생히 보여준다. 그러므로 이 땅 위에서 적게는 인간과 인간, 집단과 집단, 그리고 광범위하게는 국가와 국가 사이에 갈등만이 존재할 뿐 진정한 평화는 요원하다.

존 클라마(John Klama)는 말한다:

'진보된' 서구 산업사회는 삶의 기본 요소인 갈등을 목도해 왔다. 그들은 공동사회 내부의 조화와 국가 사이의 평화를 갈망하지만, 우리 사회는 폭력의 망령에 뒤쫓기고 있다. 신문, 라디오, 그리고 텔레비젼은 높은 수준의 아동 학대, 가정 내에서의 배우자의 폭력, 거리와 작업장과 스포츠 스타디움에서 벌어지는 난투극, 공항과 디스코데크에서 자행되는 테러리스트들의 만행, 그리고 세계 각처에서 벌어지는 난리와 전쟁소문, 그리고 슈퍼파워들 간의 핵 갈등에 대한 보도로 독자와 청중을 경악하게 만들고 있다. 이런 관점에서 볼 때 서구사회를 비롯한 전 세계는 암흑기에 살고 있다…실로 사람들은 '자연적으로 공격적이다'.[19]

유전적으로 프로그램화된 행동은 한결같이 자신의 이익을 증진한다는 의미에서 이기적이며, 유전적으로 프로그램화된 이기주의는 인간

---

19) John Klama, Aggression: *The Myth of the Beast Within* (New York: John Wiley & Sons, 1988), p. 1.

의 경제, 사회, 정치적 삶의 근저이다.[20]

어디 그뿐이랴? 타락한 인간은 자연도 마구 착취하고 강탈하여 그것을 황폐화시킨다. 인간과 자연 사이에 연합(unity)보다는 갭(gap)과 분리를 창조하는 인간중심주의(anthropo-centualism)[21], 인간의 무제한적인 욕망 충족을 정당화 해주며 또한 부채질하는 인간중심주의적 이데올로기는 심각한 자연의 파괴와 훼손을 낳았다. 그 결과 이제 인간은 자연의 보복과 위협 아래 놓이고 말았다.

### 5) 프로그램화 된 공격성: 인간 내면의 야수

왜 인간은 평화롭게 살 수 없는 것일까? 평화롭게 살 수 없는 이유나 평화롭게 살 수 없게 하는 것은 무엇일까?

인간은 내면의 야수(野獸)를 갖고 있다. 에덴에서 추방된 인간의 정신[22](human psyche)은 이기심과 공격성으로 프로그램화되어졌다. 이를 통해 이웃과 자연을 착취하고 조종하고 이용함으로써 자신의 한계를 넓히고 자신의 제한된 자원을 확충하려고 하는데, 이 프로그램은 죄와 함께 유전적으로 한 세대에서 다음 세대로 계속 계승된다. 실로 삶을 시작하는 유아에게서 그러하듯, 어떤 인간관계라도 그 시점에서는 파괴성과 공격성이 서로 혼합되어 있다.[23]

---

20) Ibid., p. 14.
21) 인간중심주의는 생명 중심주의(life-centralism)으로 바꾸어져야 한다. 생명중심주의는 하나님과 인간, 인간과 인간, 그리고 인간과 자연 모두가 하나(unity)인 구조다.
22) 정신(psyche)은 영혼(soul)을 대신해서 사용할 수 있다. 도미니카 수도회의 사제 빅터 화이트 (Victor White)는 정신과 영혼이 서로 다르지 않다고 주장한다.
23) 엔 율라노프 「영성과 심리치료」 이재훈 역(서울: 한국심리치료연구소, 2005), p. 41. 율라노프는 인간 내면에 억압되어 있는 공격성은 무의식 영역에서 계속 자라며 항상 의식화되기 위해 애쓴다고 말한다. 그것이 종교적인 신앙 안으로 스며들어갈 때, 그것은 믿음을 엄청나게 팽

이 프로그램화 된 공격성(aggressiveness)은 휴머니스트들의 믿음처럼 인간의 이성, 지식, 능력 등으로써 결코 제거하거나 완화할 수 없다. 오히려 그것들은 공격성을 강화하고 그 구조를 복잡하게 하는 데 기여하거나 사용될 뿐이다.

앞으로 논하겠지만, 예수 그리스도 안에서 새로운 존재[24]로 거듭나지 않는 한 이 프로그램에서 자유로울 수 있는 인간, 자신의 내면의 야수를 제거하거나 길들일 수 있는 인간은 그 누구도 없다.

모든 인간의 유전자 안에는 이 프로그램화된 공격성, 즉 야수가 각인(inprint)되어 있다. 어떤 면에서 선지자 예레미아가 말한 것처럼, 만물보다 부패한 인간의 마음[25]에는 곧 바로 이 야수의 한 속성, 프로그램화된 공격성이 포함되어 있다.


### 6) 끊어진 밧줄 증후군과 에덴 콤플렉스

죄로 말미암아 하나님으로부터 단절된 인간은 끊어진 밧줄 증후군(Broken Rope Syndrome)[26]을 갖게 되었다. 수원(水源)에서 공급하는 물줄기가 말라버렸기 때문에 저수지가 메말라 바닥을 드러내며 마치 기왓장처럼 쩍 쩍 갈라지듯, 능력의 근원(수원지)되시는 하나님으로부터 단절된 인간은 실존적인 불안, 공포, 외로움 등 각종 정신병리적인 증

---

창시켜 무서운 하나님 이미지를 만들어내고, 그래서 우리의 아이들을 공포에 떨게 한다고 말한다. 그때 그 하나님은 우리가 실수하는 것을 지켜보다가 벌을 주는 하나님이 된다.

24) 고후.5:17

25) 렘.17:9

26) 스티브 브라운. 「당신의 끝은 하나님의 시작입니다」주원열 역(서울:아가페. 2003), p. 36. 스티브 브라운은 끊어진 밧줄도 문제이지만 끊어진 밧줄이 의미없는 것처럼 보는 것이 참으로 더 문제라고 지적한다. 문제를 알면 해결의 길이 보이지만, 문제를 문제로 보지 않는 것이 문제다.

상을 갖게 되었다. 뿐만 아니라 에덴 콤플렉스(Eden complex)에 시달리며 안정과 평화 없는 고통스런 삶에 시달리게 되었다.[27]

### 7) 에서 신드롬

인간은 또한 에서 신드롬(Esau syndrome)에 빠져 살게 되었다. 에서 신드롬은 야곱의 아들 에서가 팥죽 한 그릇에 장자 생득권(birth right)을 팔아넘긴 망령(妄靈)된 행동 같이[28] 영원하고 절대적인 영적 가치보다는 현세적이고 순간적인 물질적 가치와 쾌락을 절대화하며 추구하는 영적 혹은 정신적 태도다.

이 신드롬은 인간 정신의 근본 기재인 우상화(偶像化)와 밀접한 관련을 갖는다. 하나님을 떠난 인간은 필연적으로 하나님 자리에 우상을 세워야 한다. 다시 말해, 하나님 대신 그 무엇이든 하나님 자리에 세워야 하는 것이 하나님의 형상대로 지음 받은 영적 실존의 본연의 모습이다.

그리고 그 우상의 자리를 차지하는 것은 첫째로 인간-특별한 인간 아니면 자신-이며, 둘째는 버려지 형상의 우상이며[29], 셋째로는 돈과 권력과 섹스[30] 그리고 마지막으로는 인간 정신에 깊이 뿌리 내리고 있는 탐욕[31]이다. 하나님을 떠나 우상숭배에 빠진 불경건[32]한 인간의 삶

---

27) 에덴으로 돌아가고자 하는 우리의 '양같은 성격'(lambishness)는 우리가 현재 세계를 받아들이지 못하게 하므로 정신분열적 증세를 낳게도 한다.
28) 히.12:16.
29) 롬.1:23.
30) 참조: 딤후.3:1이하. 요일.2:16.
31) 골.3:5.
32) 불경건은 "하나님이 없다"는 하나님 부인이다.

에서 나타나는 모든 불의[33]는 그 불경건의 열매다. 아이러니하게도, 불경건과 불의에 빠진 인간은 자신들의 불경건과 불의를 자랑하며 그런 일들을 행하는 자들을 또한 옳다고 부추긴다.[34]

만일 우리가 신자임을 자부하면서 하나님보다는, 하나님의 나라와 의를 이루는 일보다 세속적인 것에 마음이 쏠려 있거나 세속적인 것들을 추구하는 데 정신이 팔려 있다면, 하나님의 일보다 세상일에 열심한다면, 우리 또한 에서와 하등 다를 바 없는 인간, 곧 에서 신드롬에 빠진 불쌍한 존재다. 사도 바울은 만일 우리가 바라는 것이 이 세상 것뿐이라면 우리는 이 세상 사람들 가운데 가장 불쌍한 자라고 말했다.[35]

### 8) 유다 신드롬

스승이신 예수를 배신하고 스승을 은 30량에 팔아치운 유다는 자신의 죄를 회개하지 않았고, 자신을 짓누르는 막중한 죄책감을 견디지 못하고 목매어 자살하고 말았다. 하지만 스승이신 예수를 질타하며 저주까지 퍼부으면서 부인했던 베드로는 철저한 회개로 자신이 저지른 막중한 죄와 죄책감에서 벗어났다. 그런 다음 그는 사람 낚는 어부로 헌신했다.

죄의 처리는 중요하다. 그런데 많은 사람들의 경우 죄책감을 처리하지 못하여 영적 침체에 빠져있다. 진정한 회개와 하나님의 용서 이후

---

33) 막.7:20이하: 악한 생각, 음란, 도둑질, 살인, 간음, 탐욕, 악독, 속임, 음탕, 질투, 비방, 교만, 우매함
  롬.1:26이하: 호모섹스. 불의, 추악, 탐욕, 악의, 시기, 살인, 분쟁, 사기, 악독, 수군수군, 비방, 능욕, 교만, 사랑, 부모거역, 우매, 악 도모, 배약, 무정, 무자비 등.
34) 롬.1:32.
35) 고전 15:19.

에도 과거에 저지른 죄로 말미암는 죄책감 자체는 실상 죄 못지않게 치명적인 것이다.

우리가 품고 있는 죄책감은 문자 그대로 하나님과 우리의 관계뿐만 아니라 우리 자신과의 관계까지 말살시킨다.[36) 쉬운 회개가 아닌 진정한 회개와 하나님의 용서에 대한 믿음과 확신, 그리고 그에 따른 열매-행동과 삶의 변화가 이루어지고 있다면, 우리는 이미 하나님에 의해 받아들여진 사람이다. 누가복음 15장의 기다리는 아버지 비유는, 아버지 품으로 돌아왔지만 아직도 아들 속에 들어있는 "종(품군) 의식"을 제거하기 위해 노력하는 아버지의 모습을 리얼하게 그리고 있다.

만일 우리가 과거에 지은 죄로 말미암는 만성적인 죄책감의 포로가 되어 있다면, 이는 하나님의 용서에 대한 온전한 믿음이 아니거나 심리적인 자기비하일 가능성이 크다. 이는 유다 신드롬에 해당한다.

유다 신드롬은 죄책감의 결과물로서 우리를 하나님으로부터 멀어지게 할 뿐 아니라 항상 우리 자신을 파괴시킨다.

### 9) 홀림 신드롬

세상 속에서 발생하는 사건들의 배후에 놓여있는 불가시적인 존재들의 군대가 있다. 신약성경은 이 존재들을 가리켜 천사(angeloi), 귀신(daimoniai) 지배자(archai) 그리고 권세자(exousiai)라고 말한다. 이들 존재는 불신앙의 사람들에게 비치는 예수 그리스도의 얼굴에 있는 영광의 복음의 빛을 가리며, 사람들의 마음을 혼미케 한다(고후.4:4). 한편으로, 신자들에게서는 구원 자체는 빼앗아갈 수 없지만 구원의 기쁨

---

36) 켕빔 밀러, 322.

을 빼앗아간다.

케네스 리치는 홀림의 상태는 신경증과 일치한다[37]고 말하며, 롤로 메이는 악마적인 홀림이 단순히 정신병의 역사를 총망라하는 전통적인 명칭이라고 주장하지만, 홀림 신드롬을 단순히 신경증이나 일종의 정신병으로 국한시키는 데는 많은 문제가 있다. 성경에서 말씀하시는 바와 같이, 홀림 신드롬은 악한 영의 배후를 가지고 있다.


## 10) 경계선(바운더리)

죄로 말미암아 상처 입은 정신[38]에서 뻗어나는 또 하나의 지류는 경계선 의식(Boundary consciousness)[39]이다. 이 경계선에 의해 우리는 우리 자신을 다른 사람들과 세계로부터 소외시키며 단편화(fragmentation)를 만들어낸다. 우리가 경험하는 모든 종류의 투쟁 경험들-갈등, 불안, 고통 그리고 절망-은 이 경계선 때문이다. 우리의 "의식의 스펙트럼"(the spectrum of consciousness)[40]은 이 바운더리로 채색되어 있어서 "연합 의식"(unity consciousness)[41]을 불가능하게 한다.

---

37) 케네스 리치, 「영혼의 친구」신선명, 신현복 공역(서울: 아침영성지도연구원, 2006), p. 211.
38) psyche는 영혼과 같은 말이다.
39) 혹은 잠재적인 전쟁 라인(potential battle line)이라고도 하며, 이는 인간의 궁극적인 궁지다.
40) Ken Wilber, *No Boundary: Eastern and Western Approaches to Personal Growth*(Boston & London: Shambhala, 1979), p. 1. 예를 들어, 안(inside)과 밖(outside)은 둘 사이의 경계선 때문에 발생한다. 만일 이 둘 사이의 경계선을 제거하면 둘은 분리된 두 개의 실재가 아니라 하나(oneness 혹은 unity)이다. "궁극적인 실재는 대극의 연합 혹은 일치이다".
41) Ibid., p, 3. 켄 윌버는 이 "연합 의식" 혹은 "지고한 정체성"(supreme identity)을 모든 지각 있는 존재의 본성과 조건이라고 말한다. 그렇다고 볼 때, 죄로 인한 하나님으로부터의 분리 혹은 소외를 위시하여 자신으로부터의 소외, 그리고 타자로부터의 분리와 소외는 '연합 의식'"의 파괴라고도 말할 수 있다. 에덴 콤플렉스의 해결, 곧 복락원은 "바운더리 없는 각성"(no boundary awareness)의 세계다.

켄 윌버는 말한다:

경계선은 기술적이며 정치적인 파워를 가지므로 소외, 단편화, 갈등을 유발한다. 만일 당신이 어떤 사람 혹은 어떤 것을 통제하기 위해 경계선을 세운다면, 당신은 그 사람 혹은 그것으로부터 당신 스스로를 소외시킨다. 단편화로 추락한 아담의 타락은 원죄의 또 다른 면이다.[42]

바운더리 의식에 갇힌 인간은 연합과 상호적인 연결(mutual relatedness) 안에서 서로 격려하고 축복하며 살아가는 대신, 상대방을 오로지 경쟁의 대상으로 삼는 파워 게임(power game)에 휘말려 있다. 바운더리 의식에 사로잡힌 사람에게 인생은 전쟁터다. 그래서 이웃을 세워주기보다는 모해하고, 짓밟고, 죽임으로써 자신을 세우는 것을 유일한 목표로 삼는다. 이웃의 손과 그릇을 채우는 것보다 자신의 손과 그릇을 채우는 전략을 기획하는 데 혈안이 된다.

켄 윌버(Ken Willber)는 우리가 세우는 의식의 한계인 바운더리(Boundary)가 단편화, 갈등, 싸움 등을 낳는다고 말한다:

모든 경계선(boundary line)은 싸움선(battle line)이기 때문에 여기에 인간의 궁지가 놓여있다. 한 개인의 바운더리가 견고하면 할수록 개인의 갈등과 싸움은 복잡해지고 심화된다. 내가 즐거움을 추구하면 추구할수록, 나는 필연적으로 더 고통을 두려워하게 된다. 선을

---

42) Ibid., p. 32.

추구하면 할수록, 나는 더더욱 악에 사로잡힌다. 내가 성공을 추구하면 할수록, 나는 실패를 맛보아야 한다. 내가 삶에 집착하면 할수록, 나는 더더욱 죽음을 두려워하게 된다. 내가 무엇에 가치를 부여하면 할수록, 그것을 상실할까봐 안절부절 못하게 된다.[43)

이 경계선만 제거하면 우리 모두는 개인적인 차원에서든 집단적인 차원에서든 모든 이원론적인 실재가 사라짐을 발견할 것이다.

### 11) 자유에서의 도피와 중독

한편, 인간들은 자유를 추구한다. 하지만 하나님을 떠난 인간은 결코 자유를 누리지 못한다. 만일 자유가 주어진다 해도 그 자유는 그들에게 불안과 짐과 고통이 될 뿐이며[44) 그들은 그 자유에서 도피(escape from freedom)하고자 한다.[45)

---

43) Ken Willber, No Boundary(Boston & London: Shambhala, 1985), p. 19.

44) M. 스콧 펙, 「끝나지 않은 길」김창선 역(서울: 소나무, 1993), p. 51.

45) 에리히 프롬, 「자유에서의 도피」(서울: 동서문화사, 1976), p. 54. 야훼 하나님의 은혜로 말미암아 이집트 종살이의 부자유와 불안, 그에 따른 고통에서 해방을 받은 이스라엘 백성은 자유의 무거운 짐 때문에 고통하며 수도 없이 다시 이집트로 되돌아가고자 원망 불평했다: "우리가 이집트에 있을 때가 좋았다"(민. 11:4–6)란 표현은 비단 먹는 것과만 관련된 문제가 아니었다. 실상 그들은 자유가 주는 불안과 짐과 고통이 무거웠다. 나는, 남편의 폭력에 시달리는 아내가 남편으로부터 자유하고 싶다는 말을 수 없이 되풀이 하지만, 막상 결단하지 못하는 수많은 사람들을 만나보았다. 이에 대해서는 여러 가지 이유를 들 수 있겠지만, 그들이 결단을 내리지 못하는 한 가지 중요한 이유는 자유가 주는 불안 때문이다. 우리는 흔히 인간을 자율적 인간이라고 정의하는데, 여기서 자율인 아우토노미Autonomy는 아우토스Autos(나)와 노모스Nomos(규율)의 합성어인바, 하나님을 떠나 자유를 찾는 인간은 결코 자유를 찾을 수 없고 자유를 만끽할 수 없다. 하나님 "안에" 있을 때, 즉 하나님의 노모스 안에 있을 때 인간은 참된 자유를 누릴 수 있으며 그렇지 않을 경우 인간은 자유를 상실한다. 바울은 갈라디아서에서 자유의 이중구조를 언급한다. 그는 "...로부터의 자유frdoom from은 ",,,를 향한 자유freedom for"가 될 때 참된 자유가 된다고 말한다. 참된 자유의 속성은 하나님을 위한 종됨, 그리고 이웃을 향한 종됨에 있다.

힐데 부르흐는 그녀의 저서 「정신요법 입문」Learning Psychotherapy 서문에서 환자들이 지닌 하나의 공통된 문제 가운데 한 가지는 무력감(helplessness)인 바, 그것의 뿌리는 부분적 혹은 전면적으로 자유에 따르는 고통에서 도망가려는 어떤 욕구, 그리고 이 욕구로 인하여 자신의 삶과 문제에 대한 책임을 부분적 혹은 전면적으로 받아들이지 못하는 데 있음을 지적했다.[46)]

애굽을 떠난 하나님의 백성은 광야의 자유가 주는 짐을 감당할 수 없어 다시 에굽으로 돌아가고자 했다.[47)] 애굽에서 종살이 할 때는 고통 가운데 자유와 해방을 희구했지만, 막상 하나님이 모세를 보내셔서 그들을 애굽의 종살이의 속박에서 해방시켜 자유를 주셨을 때 그들은 다시 애굽의 종살이로 돌아가고자 했다. 얼마나 아이러니컬한가?

누가복음 15장의 '기다리는 아버지' 비유에 등장하는 둘째 아들 탕자는 자유를 찾아 아버지를 떠났지만, 그는 자유를 찾지 못하고 오히려 비참한 존재로 전락한다. 그는 아버지 집을 떠남으로 자유와 행복을 찾았다고 생각했지만 그 결과는 정반대였다. 그가 추구한 자유는 구속과 고통으로 바뀌었다. 결국 그는 "제 정신이 들어"(제 자신에게로 돌아와; come to himself) 아버지께로 돌아온다.

덴마크의 실존주의 철학자 좌렌 키엘케골(Soren Kierkegaard)은 이것을 모순(contradiction)이라 했다. 인간이 자유와 행복을 찾지만, 결국 그 자유가 짐이 되어 다시 그 자유에서 도피하고자 하는 것은—누가복음의 탕자의 경우는 도피라기보다는 각성과 회개이다. 그리고 돌아

---

46) M 스콧 팩. p. 51.
47) 민.11:18-20 "우리가 어찌하여 애굽에서 나왔던고!"14:3 등.

오는 회개는 키엘케골에 의하면 비약이다-실로 모순이 아닐 수 없다. 아버지 집은 구속(拘束)의 틀 같지만, 인간은 아버지 집(하나님) 안에 있을 때-철저히 구속당할 때-진정한 자유와 행복을 찾을 수 있다.

우리는 인간의 자율(自律)을 중시한다. 인간은 자율적인 존재라고 믿기 때문이다. 그런데 자율은 autos(나)와 nomos(규율)의 합성어이다. 인간은 규율을 가질 때 인간다울 수 있으며, 규율 혹은 법칙이 없다면, 혹은 그것을 벗어난다면 인간은 인간다울 수 없다는 뜻이 아닐까?

어떻든 자유를 찾아 하나님을 떠난 인간, 자유가 주는 짐에서 도피하고자 하는 인간의 도피처는 술, 마약, 섹스, 그리고 이 외의 여러 가지 중독현상- 예를 들어, 일중독과 같은-으로 나타난다. 인간은 그 무엇에든지 중독되지 않으면 이유 없이 늘 불안을 느낀다. 무엇에든지 붙들려야 자유가 주는 불안을 망각할 수 있다. 물론 중독 그 자체가 참된 자유를 주는 것은 아니지만.

### 12) 섹스, 돈, 권력의 신화(神化)

리챠드 포스터(Richard Foster)가 「돈 섹스 권력」에서 지적한 바와 같이 하나님으로부터 소외된 인간에게 이제는 돈, 섹스, 권력 그 자체가 신이 되었다. 돈과 섹스와 권력은 살아있는 전능한 자로서 인간을 자기 통제 하에 두는 실로 어이가 없는 일이 벌어지고 말았다. 물질이 결코 정신을 대신할 수 없지만, 물질이 정신을 대신 할 수 있다는 기만적인 슬로건에 운명을 내맡겨 버린 인간은 돈과 섹스와 권력 추구에 모든 희망과 수단을 걸고 있다.

러셀 윌링엄은, 성에 관한한 인간은 섹스나 로맨스가 우리의 정서적인 필요를 전부 또는 대부분 만족시켜 줄 것이라는 '낭만적인 정설 (romantic orthodoxy)에 빠져있다[48]고 말했다. 또스또엡스키가 그린 바와 같이, 부와 권력과 성적인 정복욕으로부터 초연하며 오로지 진실에 대해서만 관심을 갖는 뮈쉬킨(Myshkin) 같은 백치(The Idiot)[49], 그리고 프란체스코 수도회의 쥬니퍼(Juniper) 같은 바보 같은 사람을 찾는 일은 그리 쉽지 않다. 인간 모두는 탐욕과 권력과 성욕의 지배를 받는 백치 혹은 노예로 전락하고 있다.

돈에 대한 수도원적 응답인 가난 혹은 청교도적인 응답인 근면, 성문제에 대한 수도원적 응답인 정절과 청교도적인 응답인 성실 (faithfulness), 그리고 권력의 문제에 대한 수도원적 응답인 섬김의 복종 혹은 청교도적 응답인 질서(Order)[50]를 오늘의 우리가 우리 시대의 문화에 적용하는 일은 그리 쉽지 않다.


### 13) 물질주의와 분주함

물질주의는 보이는 세계에서 출세에 초점을 맞춘 사람들의 세계관이다. 하나님을 떠난 인간은 물질주의 세계관에 의해 행동하며 살아간다. 그런데 크리스챤일지라도 만일 물질주의 사고 혹은 가치관에 의해 행동한다면-사실 거듭난 성도(born again Christian)라면 그렇지 않겠지만- 그 또는 그녀는 영적으로 쇠퇴의 길을 걷고 있다. 실로 물질주의적 사고는 우리의 영성이 쇠퇴하는 속도와 정비례한다. 그리고 분주함(restlessness)은 물질주의(맘몬니즘)와 밀접한 관련이 있다.

---

48) 러셀 윌림엄. 「관계의 가면」 원혜영 역(서울: IVP, 2006), p. 40.
49) 리처드 포스터. 「돈 섹스 권력」 심영호 역(서울: 두란노. 1985), p, 12.
50) Ibid., p, 17-20.

물질주의의 독소를 치유하는 해독제는 바로 은혜다.[51] 하나님이 우리를 값으로 사신 목적 중의 하나는 바쁜 삶의 방식에서 우리를 해방시키시기 위함이다. 신실한 삶을 살도록 우리의 도덕적 성향을 바꾸시고, 거짓된 평판을 위해 소유하며 바쁘게 지내는 우리의 삶의 방식을 변화시키시는 데 그 목적이 있다.[52] 6일 동안에는 힘써 일하고 제 7일 안식일(주일)에는 쉬라고 하신 말씀의 뜻은, 여러 가지 의미가 있겠지만, 일(노동)을 신뢰하지 말라는 뜻이며 다른 한편으로는 일로 인한 분주함에서 자유하라는 뜻이 아닐까?

신약성경의 히브리서 기자는 본서 전체를 통해 신자의 온전함 혹은 성숙(wholeness/maturity)을 강조하고 있는데, 그가 강조하는 온전 혹은 성숙이란 순례과정에서 순례의 인도자이신 예수 그리스도와 매일("오늘") 교제하는 것이라고 말한다. 말씀을 듣고 순종으로 응답하는 이때가 바로 성도가 현재적 "안식"을 갖는 순간이다. 종말론적인 안식(eschatological rest)은 미래의 차원의 것이지만, 말씀을 통해 그리스도와 교제하며 순종으로 반응하는 매일 매순간은 그 종말론적 안식을 미리 맛보는 것이다. 그래서 히브리서 기자는 성도를 케리그마적 실존(kerygmatic existence)이라고 말한다.

켈러는 말한다:

우리가 전능한 하나님께 서둘러 달려가 찬양과 기도를 드린 후 다시 혼돈된 삶의 스타일로 돌아간다면 결코 하나님을 기쁘시게 할

---

51) 캘빈 밀러. p. 62.
52) 캘빈 밀러. p, 67.

수 없다. 하나님은 우리의 거룩으로 치장된 소모적 행동을 기뻐하시는 분이 아니시다.[53]

## 14) 세 부분의 영적 질병

크게 분류하여 세 부분의 영적 질병은 분노와 무기력, 탐욕과 색욕, 그리고 허영과 교만이다. 정념적인 부분인 분노는 인간을 영적 무기력(Spiritual helplessness)으로 인도한다. 욕망적인 부분의 탐식과 색욕은 인간의 영혼과 육체를 파괴한다. 그리고 이성적인 부분의 허영과 교만[54]은 우상숭배로 이끈다.

## 15) 수치심

실상, 인간의 정체성은 수치심과 밀접한 관련을 갖고 있다. 내면화된 수치심은 자기 자신의 무가치함, 결핍성, 그리고 부적절함 등의 정서를 야기시킨다. 이런 정서들은 한 개인의 온전함(wholess)의 과정―심리학적으로 말하면 개성화(individuation) 과정―에 심대한 부정적인 영향을 끼친다.

이상 몇 가지 중요한 죄의 결과물들을 살펴보았지만, 죄의 결과물들이라고 하면 비단 이것들뿐이겠는가? 하나님과의 관계, 자신과의 관계, 그리고 이웃과의 관계에서 다루어져야할 수많은 비참한 결과들이 즐비하다.

죄와 그 결과에 대한 논의를 간략하지만 이쯤에서 마치고, 타락한 인간의 구원에 대해 논의하도록 하자.

---

53) 캘빈 밀러. p, 75.
54) 요한 클리마쿠스. 「거룩한 등정의 사다리」최대형역(서울: 은성, 2006), p, 19.

# 제2장. 인간구원과 칭의의 은총 그리고 개신교의 신앙원리

예수는 모든 사람을 위해 존재하신다.
그분을 모든 사람을 자신에게 초대하실 만큼,
모든 사람을 자신의 백성으로 여기실 만큼
그렇게 넓고 열린 마음을 지니고 계신다

-칼 바르트-

# 제2장
# 인간구원과 칭의의 은총 그리고 개신교의 신앙원리

하나님을 떠나 죄와 절망에 빠진 인간의 구원[1]은 전적으로 하나님께로부터 온다. 하나님의 은혜가 나타남으로 비로소 인간의 구원은 가능하다.[2]

하나님은 아들[3]을 세상에 보내시고(sending) 우리 죄를 속(贖)하시려고 그 아들을 화목제물로 내어주심(giving)으로써[4] 우리를 구원하셨다. 예수 그리스도는 세상 죄를 지고 가는 하나님의 어린 양이셨다[5]. 하나님은 아들을 믿는 자, 즉 아들의 대속죽음과 장사와 부활을 믿는 자를 구원하시며 의롭다하시기를 기뻐하셨다.[6] 구원과 칭의는 전적으로 하

---

1) 구원은 소극적으로 표현하여 하나님의 진노, 곧 우리 죄에 대한 진노에서 건짐받는 것이며 (살전1:9. 롬.5:9 등), 적극적으로 표현하자면 하나님처럼 되어(다시는 사망이 없고, 애통하는 것이나 곡하는 것이나 아픈 것이 다 없다 라는 말씀은 인간이 피조성에서 벗어나 하나님처럼 된다는 뜻이다) 하나님의 장막에서 하나님과 함께 영원히 사는 것이다(계.21:3이하).

2) 딛.2:10이하.

3) 롬.1:2이하. 복음을 "아들"로 정의한다. 복음의 내용, 즉 아들이 하신 일은 성육신과 부활이여 부활은 예수의 주장을 옳다고 인증하신 하나님의 인증(vindication)이다.

4) 요한복음은 전체적으로 두 형식으로 짜여져 있다. 그 두 형식은 "보내심의 형식"sending formular, 그리고 "내어줌의 형식"giving formula이다. 참조: 보내심의 형식:3:17,28, 34,5:24, 30, 36,37, 38, 6:29, 38, 39, 44, 57, 7:16, 18,28, 29, 33, 8:16, 18, 26, 29, 42, 9:4, 11:42, 12:44, 45, 49, 13:20, 14:24, 26, 26, 16:5, 7, 17:3, 8, 18, 21, 23, 25, 20:21.  내어줌의 형식:3:16,

5) 요. 1:29.

6) 롬.10:9-10. 복음은 아들이며, 복음의 내용, 곧 아들이 하신 일은 십자가의 죽음, 장사 그리고 부활이다. 복음을 믿는다는 것은 복음의 내용을 믿는다는 것이다.

나님의 은혜의 선물이다.

## 1. 회개

천국으로 들어가기 위해서는 인간의 선함을 여지없이 무너뜨리는 회개의 고통의 문을 통과해야 한다. 그렇게 할 때 그 고통을 이끌어내는 성령이 우리의 삶에서 하나님의 아들의 형상을 만들기 시작한다.[7]

성경은 예수께서 승천하신 후 약 30년 어간에 사도들이 입으로만 전한 믿음의 공식(fistis fomula) 형태를 갖추고 있는 원복음(Proto-Gospel)[8]을 제공한다. 이 원복음은 앞에서 언급한대로 예수의 대속 죽음과 장사(葬事)와 부활을 믿는 자들에게 칭의와 구원을 약속[9]한다. 이 약속의 뿌리는 창세기 3:15절[10]인 바, 구원의 약속 혹은 구원의 표징(Heilsschilderung)인 여자의 후손 그리스도 예수로 말미암아 하나님은 인간을 회복시킬 구속의 은혜를 마련해 두셨다. 창조언약[11]이 깨어졌을 때 하나님은 구원언약을 주셨다.

하나님이 우리를 위해(pro nobis) 이루신 예수 그리스도의 대속죽음을 믿는 자에게 칭의와 구원을 주시는 단순한 복음[12]의 진리는 혁신적

---

7) 캘빈 밀러. p 51. Oswald Chambers, My Utmost for His Highest(Uhrichsville, Ohio: Barbour &Co. Inc, 1963) 12월 7일자 면 재인용.

8) 고전 15:3-4절은 믿음의 공식(Fistis Fomula)으로 되어 있다. 믿는다는 동사 다음 접속사 '호티'(that)가 이끄는 '대신 죽으셨다', '장사되셨다', '삼일 만에 다시 살아나셨다'라는 절로 구성되어 있어서 기억하기에 용이했다.

9) 롬.10:9-10. 엡.2:8-9 등.

10) 성경의 역사는 창세기 3:15절의 약속의 성취의 역사라고 할 수 있다.

11) 호.6:7. 렘.33:20,21,25.

12) 오로지 믿음으로 인한 칭의와 구원은 쉬운 믿음주의(faithism 혹은 belisvism)을 말하는 것이 아니다. 이후의 변화, 곧 성화의 과정을 포함한다.

으로 바울을 변화시키고 그를 사로잡는다. 물론 다메섹 도상에서 영광의 빛 가운데 나타나신 부활하신 예수[13]를 만난 만남이 바울을 이미 변화시키기 시작했었다.   바울은 의인론(義認論)으로 복음의 효과를 제시한다. "믿음으로 말미암는 구원과 칭의"(salvation and Justification by faith)는 율법 무용론과 함께 바울이 그의 서신들에서 천명한 핵심적인 메시지이다. 바울은 "율법으로써는 할 수 없으되(No!) 은혜로써는 할 수 있느니라(Yes!)"[14]고 외쳤다. 이러한 복음 전승은 두 가지 개신교의 신앙 원리를 낳았다.

## 2. 개신교의 신앙원리: 형식원리와 실질원리

개신교[15]의 신앙원리(The Principle of Protestantism)는 두 가지 원리

___

13) 이 데오파니(theophany)는 종말에 나타나실 예수 그리스도께서 미리 자신을 나타내신 현현 사건이다.

14) 바울은 이전에는 모세의 율법 준수를 자랑했다. 그에게 있어서 자랑은 율법의 요구에 대한 성실한 준수로 말미암은 하나님과의 개인적인 관계의 의에 대한 확신, 안정감, 혹은 특권이었으나, 다메섹 도상에서의 부활하신 그리스도와의 만남으로 말미암아 그의 확신과 자랑은 무너져내리고 말았다. Jan Lambrecht and Richard W. Thompson. Justification by Faith(Wilmington, Delaware: Michael Glazier, 1989), p. 17.

15) 개신교(Protestantism)를 의미하는 "항의하다"(to protest)는 '확언하다', '어떤 일을 위해 증거를 제시하다'(to give testimony on behalf of certain things)라는 뜻이다. Robert McAfee Brown. *The Spirit of Protestantism*(London, New York: Oxford University Press, 1965), p. 4. 필립 샤프(Phillip Schaff)는 "종교개혁은 복음의 의미 속으로 더 깊이 뛰어 든 것"이라고 말하며 개신교는 하나님이  그리스도 안에서 세상을 자기와 화목시키셨다는 복음을 섬기기 위해 존재한다(고잔 5:19)고 말한다. Ibid., p. 12
  루터교는 성경을 복음의 출처로 강조하며 특히 믿음만으로 의롭다함을 받는 복음을 강조한다. 루터교는 역사적으로 정치적 정적주의(political Quietism)로 기울어졌다. 스위스, 프랑스, 홀란드, 헝가리, 그리고 스코틀란트에서 부상한 개혁 장로교회는 성경에 중심적인 관심을 가지며 성경적인 설교(Biblical preaching)와 하나님의 주권적인 은총을 강조한다.  엥글리칸(Anglican)과 성공회(Episcopal) 전통은 주교(bishops)에 의해 통치를 받는 교회를 강조한다.

로 구성된다.

첫째는 형식원리(Formal Principle)로서, 성경만이 구원에 관한 바르고 적합한 지식을 준다[16]는 것이며, 둘째는 실질 원리(Material Principle)인 바, 이는 성경을 푸는 열쇠로서, 오로지 믿음으로만 구원과 의롭다함을 받는다(Justification by Faith)는 것이다.

십자가에 못 박힌 예수 그리스도 외에 그 어떤 다른 구원의 길은 없다[17] 그리고 그 어떤 것도 성경 위에 있을 수 없다. 성경의 권위 이상 되는 권위는 존재하지 않는다. 또한 믿음으로 말미암는 구원과 칭의를 대신할 수 있는 수단이나 방법은 존재하지 않는다.

만일 누구든지 오직 그리스도만으로(Solus Christus)[18] 오직 은혜만으로(sola gratia), 오직 성경만으로(sola Scriptura), 오직 믿음만으로(Sola Fidei)라는 원리를 벗어나면 그 또는 그녀는 오류에 빠지며 틀림없이 이단이 된다. 그리고 궁극적으로 구원은 값없이 주시는 하나님의 은혜의 선물[19]이기 때문에 오직 하나님께만 영광을(Soli Deo Gloria!) 돌

---

청교도들(Puritan)은 로마화 된 경향의 예배를 정화하기 원했고, 성경의 진리를 인간의 교리와 전통 위에 두었다. 자유교회(Free Church)는 그들이 느끼는 대로 설교하고 예배한다. 회중교회(Congregationalists)와 침례교(Baptists)는 교회를 "신자들의 자발적인 연합"으로 해석한다. 형제들의 사회 (The Society of Friends) 혹은 퀘이커교도(Quakers)는 성례전, 안수 받은 목회자 혹은 신조를 갖는 교회의 정상적인 특징들을 결한다. 감리교(Methodists)는 성화(Sanctification)의 교리와 구원의 체험을 강조한다. 기독자 완전 (Christian Perfection)이 신앙생활의 목적이며 개인적인 경건과 사회적 책임을 강조한다. 크리스쳔 처치(Christian Churches: 그리스도의 제자) 교회는 성경의 권위, 믿는 자의 세례를 강조하며 주일마다 주님의 만찬을 거행한. Ibid., pp. 27-29.

16) *Scriptura Scripturae interpres*(Scripture is the interpreter of Scripture)'성경이 성경을 해석한다 "는 원리를 함축한다. 개혁자들은 성령이 성경을 통하여 말씀하신다고 믿었다.

17) 행.4:12.

18) 기독교 신학의 내용이며 그리스도교 공동체의 자원이자 중심이다. Ibid., p. 57.

19) 은혜로 값없이 주시는 선물이 아니라면 은혜는 은혜됨을 상실한다.

리게 된다.[20]

다른 한편, 우리는 자칫하면 쉬운 믿음주의(faithism)[21]에 빠지는 오류를 범하거나 "값싼 은총"(cheap grace)에 안주하는 위험에 빠질 수 있다. 진정한 회개 없이 신속하게 은혜와 자비로 나아가는 것[22]은 위험하다 참된 그리스도인은 쉬운 믿음주의에 빠지거나 값싼 은총에 머물지 않고 반드시 의의 열매를 맺는다. 이 두 가지 의에 관하여는 마틴 루터가 극명하게 주장한다.

## 3. 두 가지 의: 마틴 루터

그간 한국교회는 믿음으로 말미암는 의만 강조하며 그에 따르는 열매인 두 번째 의는 가르치거나 강조하지 않았다. 그 결과 한쪽 날개를 잃고서 고도와 방향을 모두 잃고 추락하는 신자들을 양산해왔다. 이는 믿음 공동체에 속한 신자들에게만 해당되는 것이 아니라 목회에도 적용된다.

대형교회가 목회의 성공 표상으로 추앙받게 되었고, 많은 목회자들은 에더퍼스 콤플렉스(Edifice complex)[23]에 붙들려 있다. 거짓이 없는 믿음과 착한 양심[24]을 도외시 된 채, 불의하게 축적한 부(富)를 소유한 자가 공동체 내에서 추앙받고 대우받기도 한다. 교회 안에서 자색 옷

---

20) 엡.2:8-9.
21) '이즘"(ism)은 그 무엇이든지 독단적인 교조가 될 위험이 있다.
22) 마크 맥민, p. 327
23) 건축 콤플렉스: 이웃교회가 교회당을 크게 확장 신축하면 상대적으로 느끼는 콤플렉스
24) 딤전.1:5.

과 고운 베옷을 입고 날마다 호화로이 연락하는 부자 다이브스는 설 자리가 많지만, 부자의 상에서 떨어지는 것으로 굶주린 배를 채워야 할 가난한 거지 나사로[25]는 설 자리가 도무지 없다.

서점에 쏟아져 나오는 책들도 "형통" "축복" 일색이다. 어디 믿음으로 살다가 아브라함의 품에 안긴 고난과 가난의 대명사인 거지 나사로에 대한 글을 한 번이라도 읽어 보았는가? 물론 성경적인 형통을 부인하는 것은 아니지만, 대부분 순종의 열매 맺는 바른 신앙을 위해서보다는 저자 자신의 인기에 연연하거나 신자들의 욕망과 기호와 야합하여 글들을 쓰는 경우가 허다하다. 욕망 충족과 그것을 정당화해 줄 글들을 선호하며 또 그런 글들에 길들여진 신자들은 계속하여 끝을 모르는 욕구를 쏟아내며 그것을 정당화하며 채워줄 이들을 찾는다. 살아계신 인격적인 하나님은 신자가 자기 욕구대로 쓸(?) 도구로서의 하나님 (*deus ex machina*)으로 전락되어 가고 있다. 그래서 교회 안에서 회개란 말과 고난의 유익이란 말은 설 자리가 없어졌다. 하나님이 주시는 의는 그리스도인의 삶에서 고난을 배제하지 않는데도 말이다. 현 시대에서 우리는 마틴 루터가 강조한 두 가지 의를 분명히 숙고할 필요가 있다.

마틴 루터(Martin Luther)는 그의 논문 *Two Kinds of Righteousness*에서 신자는 두 가지 의를 가져야 한다고 주장한다.

첫째는 "딴 의" 혹은 "밖에서 온 의"(Alien Righteousness)[26]로, 이는

---

25) 눅.16:19–21 교회의 중요한 직분도 믿음과 헌신 그리고 인격과는 별 상관없이 부자들에게 주어진다.

26) John Dillenberger ed., *"Two kinds of Righteousness"*, Martin Luther(USA: Library of Congress, 1961), p. 86.

신자가 오로지 믿음으로 받는 의[27]다. 즉, 하나님이 믿는 자에게 전가해 주시는 예수 그리스도의 의다.[28] 이 의는 우리 자신의 실제적인 의의 근본이며, 기초며, 원인이며, 자원이다.

둘째는 "타당한 의"(Proper Righteousness)[29]로서, 이는 신자가 "딴 의" 혹은 "밖에서 온 의"를 기초해서 하나님을 사랑하고 이웃을 제 몸처럼 사랑함으로써 얻는 의다. 이 의는 첫 번째 의의 열매이며 완성[30]이다. 그러기 위해 그리스도인은 자신의 육과 욕망을 십자가에 못 박고[31] 사랑의 종이 된다[32] 루터는 "만일 이 두 번째 의가 없다면 그 또는 그녀는 신자가 아니다"[33]라고 말했다. 뿐만 아니라 "십자가에 못박힌 사람(Crucianus)이 아니라면, 그 누구라도 그리스도인(Christianus)이 아니다"[34]라고 말했다. 십자가를 지지 않은 사람이 어찌 자기 주인이신 그리스도를 닮았다고 말할 수 있겠는가? 예수님은 인간에게 종교를 선물하시기 위해 돌아가신 게 아니다. 그리스도를 믿는 믿음을 통

---

27) 그의 복음적 통찰은 사람은 오로지 예수 그리스도에 대한 믿음을 통하여 하나님의 은혜에 의해서만 의롭다함을 받는다는 것이다. Lewis W. Spitz.ed. *The Protestant Reformation*(Englewood cliffs, New Jersey: Prentice-Hall Inc., 1966), p. 36.

28) 롬.3:25-28. 갈.2:16. 엡.2:8-9 등.

29) Ibid., p. 88. 창세기 15장에서 하나님의 말씀에 '아멘'Amen으로 반응하여 의롭다함을 받는 아브라함은 창세기 22장에서 하나님을 사랑하여 독자까지 드리는 행위로 말미암아 또한 의롭다함을 받는다. 그가 얻은 두 칭의는 그리스도인이 받아야 할 의의 표본이다.

30) 믿음을 통해 구원받지만, 선한 일을 위하여 지으심workmanship을 받기 때문에, 감사가 경건의 동기가 되어 선한 일에 열심하는 백성이 되어야 한다. 참조:엡2:10. 웨슬레가 말하는 기독자 완전christian perfection은 다르게 표현하면 사랑이다. 절대적인 의미가 아닌 상대적인 의미에서의 완전이지만, 기독자완전 혹은 성결의 핵심은 사랑이다.

31) 갈. 5:14.

32) 갈. 5:13. 성 테레사는 「영혼의 성」에서 자신의 신앙적 체험을 바탕으로 영혼의 성-자신의 내면 가장 깊은 곳(역주)에서 하나님과 연합된 자는 관상작인 사랑의 삶, 즉 하나님과 이웃을 사랑하는 삶으로 변화한다고 말한다.

33) Ibid., p. 92.

34) 알리스터 맥그라스. 「종교개혁 시대의 영성」박규태 역(서울: 좋은 씨앗, 2005), p. 128

해 하나님과 친밀한 관계를 맺게 하시려고 죽음이라는 희생을 감수하셨다.[35]

페티트(Paul Pettit)는 그리스도 안에서 변화 받은 크리스챤의 모습을 다른 각도에서 묘사한다.

우리가 추구하는 변화는 변화를 위한 변화가 아니다. 우리가 추구하는 변화는 오로지 자기 개선(Self-improvement)을 위한 것이 아니다. 크리스챤은 과정 안에(in process) 있는 존재로서 변혁을 이루어 가는 바, 그 목적은 개별적인 신자가 크리스챤다운 방식으로 타자에게 영향을 미치고 타자와 상호교류하기 위한 것이다.[36]

성령은 우리 안에서 신앙을 일으키고, 살아계신 그리스도에게 우리를 실제적으로 연합시키신다. 이 성령의 사역을 통해 우리는 구원의 선물들에 참여하게 된다. 루터의 믿음으로 의롭다함을 입는 의인의 교리는 성령의 사역을 간과할 때 복음이 아니라 인간의 업적으로 빠져버린다.[37]

이 두 번 째 의와 관련하여 더 논의하자면, 마태와 야고보는 열매(행함)가 없는 믿음은 죽은 믿음이라고 비판 한다.[38] 그들은 믿음의 조상 아브라함의 믿음과 행위를 그 전거로 삼는다. 믿음의 조상 아브라함

---

35) 조이스 마이어. 「하나님과의 친밀한 사귐」(서울: 두란노, 2005). p, 35.
36) Paul Pettit(ed.) *Foundations of Spiritual Formation*(Grand Rapids, Mi: Kregel: 2008), p. 19
37) 정승훈. 「종교개혁과 칼빈의 영성」(서울:대한기독교서회, 2001), p. 120.
38) 마.7:21. 약.2: 17, 24.

은 하나님의 약속의 말씀을 믿어[39] 의롭다함(Justified by faith)을 받았을 뿐 아니라, 또한 이들 이삭을 제물로 바치는 순종의 행위를 통하여 의롭다 하심(justified by deed)을 받았다[40]는 것이다. 그러므로 만일 그리스도인이 두 번째 열매를 맺음이 없이 믿음만 강조한다면 이는 쉬운 믿음주의와 값싼 은총에 머물려고 하는 것이기 때문에 큰 오류를 범하는 것이다.

그리스도인들 가운데 율법 폐기론이 확산되었다. 그로 말미암아 그들은 경건한 삶에 대한 열정과 기준을 내버렸다. 싸늘한 교리에만 매어달린 그들에게 행위와 삶은 중요하지 않았다. 그런데 마태와 야고보는 행위, 곧 열매가 없는 믿음은 죽은 믿음이라고 강조하기에 이르렀던 것이다.[41]

루터는 하나님의 가면(Mask)으로서의 섬김의 사명에 관해 말한다. 여기서 하나님의 가면이라는 개념은, 하나님은 크리스챤의 소명 안에서 일하신다는 뜻을 함축하고 있다. 크리스챤의 소명의 목적은 다른 이들을 섬기는 것, 즉 이웃을 사랑하라는 그리스도의 명령 준행과 관계가 있다. 루터를 연구한 진 바이트(Gene E. Vieth, Jr)는 말한다:

비록 칭의가 선행과는 아무런 관계가 없지만, 소명은 선행을 분명히 포함한다. 하나님께 대한 크리스챤의 관계는 하나님 편에서의 순전한 은혜와 죄 용서에 기초한다. 그러나 타인에 대한 크리스

---

39) 히브리어 '아만'은 영어 아멘Amen이다.

40) 약.2:21.

41) 마태와 야고보의 가르침을 반-바울(anti-Paul)이 아닌 반-바울주의(anti-Paulism)이라 한다.

챤의 관계는 행동으로 옮겨진 사랑에 기초한다. 빙그렌(Wingren)이 말했듯이 하나님은 우리의 선행이 필요치 않으시나, 우리의 이웃은 그것을 필요로 한다.[42]

신자는 두 번째 의 곧 타당한 의를 가져야 한다. 이 의가 없이 제아무리 "주여, 주여"[43]하고 암호를 부르짖는 믿음생활 한다 해도 그 믿음은 창수가 나면 다 쓸려가버릴 모래성에 불과하며[44] 심판의 맹렬한 불을 감당치 못하고 타버릴 지푸라기 믿음에 불과하다.[45]

미국의 어느 첩보 기관에서는 그 기관원이 되기 위한 교육과정의 하나로 위조지폐 식별훈련을 한다. 그런데 가짜 지폐로 공부하는 것이 아니라 진짜 지폐를 가지고 한다고 한다. 까닭은 진짜 지폐를 확실히 알면 진짜와 가짜의 차이점을 쉽게 식별할 수 있기 때문이다.

성경은 열매를 보아 그 나무를 안다고 말씀한다. 나무를 통해서는 나무를 알기 어렵지 않은가? 나무의 정체성은 오로지 열매를 통해 증명된다. 열매 맺는 신자, 타당한 의를 갖는 신자라야 참된 신자다. 그런 면에서 오늘날 교회는 값싼 은총을 남발하고 진정한 회개와 믿음의 열매를 맺지 못하는 사이비 신자를 양산하는 종교집단으로 변질되어 간다는 혹자의 비판에 겸허히 귀를 기울여야 할 필요가 있다.

여기서 그리스도인이 가져야 할 두 번째 의와 관련하여 디이트리 본

---

42) 진 바이트. 「십자가의 영성」엄진섭 역(서울:컨콜디아사, 2004), p. 91. 루터는 하나님은 영적인 영역에서 말씀과 성례전을 통해 일하시며, 세속적인 영역에서 소명을 통해 일하신다고 말한다. 그리고 모든 소명은 하나님 사랑의 통로다.
43) 마. 7:21.
44) 마. 7:35.
45) 고전 3: 12-13.

회퍼(Dietrich Bonhoeffer)의 제자도[46]는 중요한 의미를 갖는다.

## 4. 값비싼 은총 vs 값싼 은총: 본회퍼

디트리히 본회퍼는 예수를 따름, 곧 제자도(discipleship)가 실천되지 않는 은총은 "값싼 은총"(cheap grace) 혹은 "싸구려 은총"이라고 했다. 은총이 값진 은총인 것은 예수 그리스도를 따라오라고 하는 부름 때문이다. 그는 말한다:

값싼 은혜란 참회가 없는 사죄요, 교회의 치리가 없는 세례요, 죄의 고백이 없는 성만찬이요, 개인적인 참회가 없는 사죄입니다. 값싼 은혜란 뒤따름이 없는 은혜요, 십자가가 없는 은혜요, 인간이 되시고 살아계시는 예수 그리스도가 없는 은혜입니다.[47]

값비싼 은혜란 그리스도의 통치입니다. 값비싼 은혜란 예수 그리스도의 부름입니다. 값비싼 은혜란 언제나 다시 추구해야 할 복음이요 언제나 다시 간구해야 할 은사요 언제나 다시 두드려야 할 문입니다. 은혜가 값비싼 까닭은 따르기를 촉구하기 때문입니다. 은혜가 값비싼 까닭은 죄를 나무라고 죄인을 의롭다고 인정하기 때문입니다. 은혜가 값비싼 까닭은 사람들에게 옛 그리스도의 제자가 되는 멍에를 지우기 때문입니다.[48]

---

46) 요한복음 15장은 열매와 제자도를 긴밀하게 연결시키고 있다.
47) 디트리히 본회퍼. p. 102.
48) 디트리히 본회퍼. 103-104.

대가를 지불함이 없는 은총, 자기부인과 순종 없이 은총에만 안주하는 믿음은 실상 죽은 믿음이다. 자기를 부인하고 순종에 따르는 대가를 지불함으로써만 은총이 은총다워진다. 그가 한 말, "믿는 자만이 순종하고, 순종하는 자만이 믿는다"[49]는 말은 마틴 루터의 첫 번째 "딴 의"와 그것의 실천(praxis)이자 결과인 두 번째 "타당한 의"와 맥락을 같이 한다. 그런 면에서 현대에 유행하며 인기를 끌고 있는 제자도가 결여된 번영신학(Prosperity Theology) 내지는 성공신학(Success theology)[50]은 현대 교회의 우상이다. 만일 그리스도교가 이 세상에서의 성공과 성취 그리고 번영 지향적인 성격 특성으로서의 종교로 전락한다면, 그래서 성공과 성취, 번영의 우상숭배를 조장한다면 이는 심히 불행한 일이 아닐 수 없다.

본 회퍼는 말한다:

십자가에 달리신 분의 모습은 성공을 지향하는 모든 사고를 무력하게 만듭니다. 왜냐하면 그런 사고는 심판을 부정하기 때문입니다.[51]

---

49) 존 D. 갓시. 「디이트리 본회퍼의 신학」유석성, 김성복 공역(서울:대한기독교서회, 2006). p. 9. "교회는 값싼 은혜 위에 기초할 수 없고 오로지 고난 받는 사랑(suffering love), 곧 십자가의 길의 기초 위에 존재한다"는 주장은 마틴 루터가 말한 사랑과 동질의 사랑이라 할 수 있다. "은혜에 의해 순종을 면제 받는 것이 아니라, 올바른 순종이 은혜에서 비로소 시작한다"는 본 회퍼의 주장은 믿음(창. 15: 6 하나님의 약속의 말씀에 'Amen'으로 응답했다)과 순종의 행위(창.22: 히. 6:12)로 받은 의로 말미암아 믿음의 조상이 된 아브라함의 믿음의 본을 반영한다. "은혜의 덕택으로 순종을 모면하려는 자는 스스로 속는다"는 말은 "타당한 의가 없으면 그/그녀는 참된 그리스도인이 아니다라는 마틴 루터의 말과 동일하다.

50) 번영신학과 성공신학은 제자도 없는 신학이므로 철저히 비기독교적일 뿐만 아니라 반기독교적이다. 스나이더가 「세 포도주는 새 부대에」에서 주장하는 바와 같이 신자와 교회는 번영하기 위해 세상에 존재하지 않는다. 오로지 제자도를 실현을 위해 세상에 존재한다.

51) 디트리히 본회퍼. 「디트리히 본회퍼 묵상52」이신건 역(서울: 신앙과 지성사, 2010), p. 73.

예수 그리스도는 우리의 효과, 성취와 성공, 그리고 번영을 위해 십자가에 못 박히지 않으셨다. 폴 투니어는 "성공과 실패가 중요한 것이 아니라 우리가 하나님의 목적에 쓰임 받는가가 중요한 것"[52]이라고 말했다.

비록 예수 그리스도의 피로 죄 용서함을 얻고 의롭다함을 받은 신자라 하더라도 구원이 완성되는 영화(榮化)의 순간까지 영적 전쟁을 치러야 하는 과정이 남아 있다. 그 영적 전쟁 가운데서 가장 처절한 전쟁은 그리스도인 안에 남아 있는 죄와 죄책과의 전쟁이다. 이 문제에 관한 한, 요한 웨슬레의 관점을 살펴보는 일이 유익하리라 생각한다. 왜냐하면 웨슬레는 그 누구보다 이에 대한 성경적인 통찰을 제공하기 때문이다.

## 5. 그리스도인 안에 남아 있는 죄와 사유의 은총: 요한 웨슬레

그리스도인은 칭의 이전뿐만 아니라 칭의 이후에도 죄의 문제로 갈등하며 고통한다.[53] 육신의 연약함으로 인하여 의식적 무의식적으로 짓는 죄 때문에 그리스도인은 사도 바울처럼 "오호라, 나는 곤고한 사람이라, 누가 사망의 몸에서 나를 건져내랴?"[54]고 절규한다.

---

52) 폴 투니어. 「모험으로 사는 인생」 정동섭, 박영민 공역(서울: 한국기독학생회출판부: 1995), p. 194.

53) 바울은 "오호라, 나는 곤고한 사람이로다"라고 부르짖는다. 로마서 5장 이후의 사건이라는 맥락에서 볼 때 로마서 7장의 그의 절규는 칭의 이후에 문제로 갈등하는 그리스도인의 표본이다.

54) 롬. 7:24.

　그렇다면 믿는 자에게 주시는 약속의 성령은 그리스도인이 죄를 짓지 못하도록 어떤 강제적인(?) 조치를 취하시지 않는가? 그리스도인 안에 내주하시는 성령은 그리스도인 안에 거하는 악을 배제하지 않기 때문에[55] 거듭나서 그 안에 성령이 내주하시는 그리스도인에게서도 죄는 여전히 그 힘을 발휘한다. 성령으로 살지 않고 육신으로 살 때, 즉 성령에 속한 자가 아닌 육신에 속한 자로 살 때 그렇다!

　한 번은 교회에서 중직을 맡고 있는 어떤 그리스도인이 내게 찾아와 자신은 결코 용서받지 못할 중죄인이라고 말했다. 그는 눈물을 하염없이 흘리면서 하나님의 자비와 사랑이 아무리 크다 할지라도 자신이 되풀이하여 지은 그 수많은 추악한 죄만큼은 용서하시지 못할 것이라고 강변(强辯)했다. 그녀는 용서받을 의지가 없었던 것이 아니라, 실상 그 자신의 생각과 나름대로의 추론이 자신에 대한 하나님의 긍휼과 용서를 가로막고 있었던 것이다. 그녀에게 필요한 것은 저지른 죄를 회개하고 하나님의 용서를 믿음으로 받아들이는 것이었다. 그리고 한 가지 더 필요한 것은 죄책감을 가지고 사는 것이 아니라 죄 용서에 대한 감사와 찬양의 삶이다.

　하나님은 우리가 죄책감을 가지고 살기를 원치 않으신다. 그 대신 감사와 찬양의 삶을 살기를 원하신다. 예수는 간음한 여인에게 "가서

---

55) 케네스 보아.「기독교 영성, 그 열 두 스펙트럼」( 서울:도서출판디모데, 2007), p. 392. 참조: 롬.7:15-24. 갈. 5:16-17. 우리가 의지적으로 죄를 짓는 것을 성령께서 강압적으로 금지시키시지 않는다. 다만 슬퍼하시고 탄식하신다. 요한 웨슬레는 신자 안에 있는 죄의 처리 문제를 안경을 닦는 일에 비유했다. 안경을 깨끗이 닦고 외출하고 돌아오면 안경에 끼인 먼지를 닦아야 하듯, 신자는 매일 매일 그리스도를 중심하는 생활을 살면서 수시로 안경을 닦아야 하듯 죄의 고백을 통해 죄를 처리해야 한다고 말했다.

다시는 죄 짓지 말라"[56]고 하셨지 죄책감을 가지고 살라고 말씀하시지 않으셨다.

인간이 과거에 이미 저지른 죄뿐 아니라 앞으로 저지를 수 있는[57] 그 어떤 죄라도 하나님의 용서의 대상이 된다.[58] 아무리 크더라도 하나님이 용서 못하실 큰 죄는 없고, 아무리 작아도 하나님이 심판 하시지 않을 만큼 작은 죄는 없다. 하나님의 은총의 깊이는 죄의 깊이보다 훨씬 깊고, 죄의 길이보다 훨씬 길고, 죄의 높이보다 훨씬 높고, 죄의 넓이보다 훨씬 넓다. 만일 우리가 그리스도를 힘입어 자비를 얻으려고 하나님께 나아가면, 우리가 지은 중죄(重罪)는 결코 용서에 방해물이 되지 않는다.[59]

---

56) 요.8:11.

57) 히. 7:27, 9:12, 26, 28, 10:11, (12).

58) 시. 103: 여호와는 자비로우시며 은혜로우시며 노하기를 더디하시며 인자하심이 풍부하시도다. 항상 견책치 아니하시며 노를 영원히 품지 아니하시리로다. 우리의 죄를 따라 처치하지 아니하시며 우리의 죄악을 따라 갚지 아니하셨으니 이는 하늘이 땅에서 높음 같이 그를 경외하는 자에게 그 인자하심이 크심이로다. 동이 성에서 먼 것같이 우리 죄과를 우리에게서 멀리 옮기셨으며..". 사. 38:17: "주께서 나의 영혼을 사랑하사 멸망의 구덩이에서 건지셨고 나의 모든 죄는 주의 등 뒤에 던지셨나이다". 43:25: "나 곧 나는 나를 위하여 네 허물을 도말하는 자니 네 죄를 기억하지 아니하리라". 56:7: "악인은 그 길을, 불의한 자는 그 생각을 버리고 여호와께로 돌아오라. 그리하면 그가 긍휼히 여기시리라. 우리 하나님께로 나아오라. 그가 널리 용서하시리라". 렘. 26:13: "그런즉 너희는 너희 길과 행위를 고치고 너희 하나님 여호와의 목소리를 청종하라. 그리하면 여호와께서 너희에게 선고하신 재앙에 대하여 뜻을 돌이키시리라". 겔.18:21: "그러나 만일 악인이 그 행한 모든 죄에서 돌이켜 떠나 내 모든 율례를 지키고 법과 의를 행하면 정녕히 살고 죽지 아니할 것이라. 그 범한 것이 하나도 기억함이 되지 아니 하리니". 미가. 7:18-19: "주께서는 죄악을 사유하시며 그 기업의 남은 자의 허물을 넘기시며 인애를 기뻐하심으로 노를 항상 품지 아니하시나이다. 다시 우리를 긍휼히 여기셔서 우리의 죄악을 발로 밟으시고 우리의 모든 죄를 깊은 바다에 던지시리이다". 요일 1:9: "만일 우리가 우리 죄를 자백하면 저는 미쁘시고 의로우사 우리 죄를 사하시며 모든 불의에서 깨끗케 하실 것이요" 히.8:12 "내가 저희 불의를 긍휼히 여기고 저희 죄를 다시 기억하지 아니하리라 하셨느니라" 등의 약속의 말씀을 붙들라.

59) 요나단 애드워즈. 「참된 신자가 되라」이기승 역(서울: 씨뿌리는 사람, 2007), p.12.

월터 카이저는 말한다:

> 자기를 정죄하는 것은 사실상 하나님과 게임을 벌이는 것이다. 죄를 고백하는 것은 우리에게 은혜와 깊은 내적 평안을 받을 수 있도록 길을 열어준다.[60]

거듭난 그리스도인이 의식적 무의식적으로 짓는 죄가 천국을 향한 영혼의 순례에 방해물이지만, 그리스도의 피를 힘입어 하나님께 나아가 자백하면 미쁘신 하나님은 크신 긍휼로 그 죄마저도 사해주신다. 블레이즈 파스칼(Blaise Pascal)이 말한 바와 같이, "우리 자신의 비참함을 알지 못하면서 하나님을 아는 것은 교만으로 인도하며, 하나님을 알지 못하고 우리 자신의 비참함을 아는 것은 절망으로 이끈다"[61]

그러면 이제 죄의 용서와 관련하여 하나님의 자비에 대해 생각해보자.

## 6. 하나님의 긍휼

예수는 "너희 아버지처럼 너희도 자비하라"[62]고 말씀하셨다. 하나님은 긍휼의 하나님이시다. 헨리 나우웬(Henri. J.M. Nouwen)과 도날드 멕닐(Donald. P. McNeil), 그리고 더글라스 모리슨(Douglas. A. Morrison)은 그들의 공저 Compassion에서 말한다:

---

60) 월터 카이저. 「치유자 예수님」김진우 역(서울: 선교횃불, 2009), p. 186.
61) Paul Pettit. p. 128.
62) 눅. 6:36.

긍휼이라는 말 compassion은 라틴어 파티(pati)와 쿰(cum)에서 온 말로 '함께 고통하다'는 뜻이다. 자비는 우리로 하여금 상처 있는 곳에 들어가게 하며, 고통의 장소에 들어가게 하며, 깨어짐, 공포, 혼란, 고뇌를 함께 나누도록 한다. 긍휼은 우리로 하여금 불행에 처해 있는 자들과 함께 절규하게 하며, 고독한 자들과 함께 탄식하게 하며, 우는 자들과 함께 울게 한다. 긍휼은 우리로 하여금 연약한 자들과 함께 연약해 지기를 요구하며, 힘없는 자들과 함께 힘없어 지기를 요구한다.[63)]

하나님은 우리의 고통에 동참하셔서 함께 아파하신다. 하나님의 긍휼은 우리의 연약함으로 인하여 저지른 죄의 고통까지 껴안으시며 함께 아파하신다. 마치 몸소 낳은 자식이 지은 죄 때문에 고통은 하지만, 그 자식에 대한 사랑을 단념하지 못하는 어머니와 같기 때문이다.

자비 혹은 긍휼이라는 히브리어 רחם (rehamim)은 하나님의 자궁(Womb of God)이다. 여인이 자신의 자궁에서 난 자식에 대한 자비와 사랑을 그 어떠한 경우에도 끊거나 단념할 수 없듯이, 그리스도 안에서 우리가 받는 하나님의 사랑(자비)을 끊을 수 있는 것이란 결코 존재하지 않는다.[64)] 다윗은 그 어떤 중죄도 용서받을 수 있는 길이 있음을 믿었기에 "여호와여, 나의 죄악이 중대하오니, 주의 이름을 인하여 사

---

63) Henri J. M. Nouwen, Donald P. McNeil, Douglas A. Morrison, *Compassion*(New York, London, Toronto, Aucland: Image Books, Doubleday, 1982.

64) 사. 49:15. 롬. 8:38-39. 자비(긍휼)은 또한 자신과 남을 용서할 수 있는 능력이며, 누가복음 8:46에 언급된 덕(德)이라는 말과 동일시되는 말이기도 하다 이 덕(virtue)은 헬라어로 능력, 힘 또는 다이나마이트를 뜻한다. 레이몬드 크레이머, 「예수님의 심리학과 정신건강」정동섭 역(서울: 생명의 말씀사, 1991), pp. 115-116.

하소서"[65]라고 부르짖으며 하나님의 자비를 호소하였다.

큰 중죄든 작은 죄든 죄는 우리를 파멸로 이끌지만[66], 자비로우신 하나님은 예수 그리스도를 통하여 하나님께 나아가는 자들의 모든 죄를 용서하신다.

회개는 우리를 들어 올려주고, 애통은 천국 문을 두드리며, 거룩한 겸손은 그 문을 연다.[67] 하나님이 주시는 은총이 얼마나 큰지에 대해 존 번연(John Bunyan)의 통찰을 살치는 것은 우리에게 도움이 된다.

## 7. 화해의 교리와 죄인에게 주시는 은총: 존 번연

만일 형제가 '일흔 번씩 일곱 번' 죄를 지었다가 와서 용서를 빌면 그를 용서하라는 가르침[68]을 주신 주님은 그분의 실패하지 않는 영원한 사랑(unfailing love)으로 우리를 무한정 용서하신다.[69]

예수는 그분께 나아가는 자를 결코 내어쫓지 않으신다.[70] 예수 그리스도는 자기를 힘입어 하나님께 나아가는 자들을 온전히 구원하실 수 있다.[71] 만일 하나님의 용서에 그 어떤 조건이 붙거나 한계가 있다면,

---

65) 시. 25:11.

66) 한 가지 율법을 지키다가 한 가지만 법해도 온 율법을 범하는 것과 마찬가지로, 큰 죄라서 지옥 가고 작은 죄라서 지옥 가지 않는 것이 아니다. 죄는 크든 작든 모두 우리를 지옥의 파멸로 이끈다.

67) 요한 클리마쿠스. p. 239.

68) 마. 18:22. 70×7+490번만 용서하라는 뜻이 아니다. 490번 용서하기도 쉬운 일이 아니지만, 여기서 0는 '아이온'(aion)으로서 영원한 개념이다. 곧 용서는 한계가 없다는 뜻이다.

69) 막. 3:28 "사람의 모든 죄와 무릇 훼방하는 훼방은 사하심을 얻되"

70) 요. 6:37.

71) 히. 9:27.

그것은 하나님 스스로 하나님 되심(God-ness)을 포기함을 의미한다. 타락하지 않는 한, 즉 예수 그리스도가 이루신 십자가의 사죄의 복음을 완전히 떠나 그것을 부인하는 배교의 죄(apostacy)[72]를 저지르지 않는 한 어떤 중죄도 사함 받을 수 있다. 하나님께는 용서의 능력이 있다는 것과 하나님의 사랑의 용서를 받아들이는 것이 겸손한 믿음이다.

능히 모든 성도와 함께 지식에 넘치는 그리스도의 사랑을 알아 그 넓이와 길이와 높이와 깊이가 어떠함을 깨달아 하나님의 모든 충만하신 것으로 너희에게 충만하게 하시기를 구하노라(엡. 3:18-19)

이 말씀을 근거하여 존 번연은 말한다:

사도는 선택의 교리처럼 화해의 교리가 세상이 시작되기 전에 예정되었다는 것을 보여 준다.[73]

하나님의 자비의 넓이, 길이, 깊이, 그리고 높이는 하나님과 우리 사이의 화해를 위하여 우리의 죄와 허물이 아무리 넓어도 다 덮을 수 있고, 아무리 길어도 그보다 더 길며, 아무리 깊어도 그보다 더 깊으며, 아무리 높아도 그보다 더 높다는 사실을 보여준다. 그리스도인의 만연한 죄는 그리스도를 통한 하나님의 이와 같은 자비로 다 가려진다.[74]

---

72) 존 번연. ibid., 145
73) 존 번연. 「놀라운 하나님의 사랑」허미순 역(서울: 기독교문사, 2005), p. 11.
74) Ibid., p. 20 참조. 롬. 4:4-7.

그러므로 "그 죄의 가리움을 받는 자는 복이 있다"[75]

존 번연은 그의 저서 「죄인에게 주시는 은총」에서 고백한다:

> 죄의식은 내게 큰 도움이 되었다. 왜냐하면 죄 의식이 엄습할 때마다 그리스도의 피가 그것을 제거해 주었으니까…그것도 성경에 따라 이루 말할 수 없는 즐거움과 더불어…[76]

번연은 그리스도를 통해 주시는 죄 사함의 은총을 확신했지만, 그의 마음속에 시시때때로 엄습하는 지우기 힘든 죄의식을 그리스도의 피가 제거한다는 사실을 즐거워했다. 그리고 그 즐거움은 말씀을 토대로 한 것이었다.

레임몬드 크레머(Raymond L. Cramer)는 하나님의 용서의 완전성을 말한다:

> 죄는 용서함 받았는데 계속 남아서 우리를 괴롭히는 것은 우리의 죄책감(guilt feelings)이다.  죄책감이 우리 생활에 죄의 행동이 계속 살아남도록 만든다. 이들 죄책감은 제거되어야 한다. 그런데 이 은혜는 하나님의 용서함 안에 포함되어 있는 것이다.[77]

그리고 번연은 말한다:

---

75) 시. 32:1.
76) 존 번연. 「죄인에게 주시는 은총」임화 역(서울: 대한기독교출판사, 1979), p. 70.
77) 레이몬드 크레이머. p.121.

죄책감이 밀려올 때마다 성경 말씀대로 그리스도의 보혈이 거듭해서 내 죄책감을 거두어 갔다.[78]

그러므로 만일 그 어떤 죄라도, 그 죄가 아무리 크고 추악하더라도, 우리가 그 죄를 숨기지 않고 자백하면 용서받을 수 있고, 하나님께서는 우리가 자백한 그 죄를 다시는 기억하시지 않으신다.

조나단 에드워드는 말한다:

우리는 오로지 예수 그리스도 안에서 그리고 예수 그리스도를 통하여 자비를 구하러 하나님께 나아가야 한다, 자비에 대해 갖는 우리의 모든 희망은 예수 그리스도가 누구신지, 그분이 무엇을 하셨는지, 그리고 어떤 고난을 받으셨는지에 대한 숙고에서 비롯되어야 한다.[79]

그분의 보혈이 모든 죄를 정결케 한다. 누군가가 자비를 얻기 위해 하나님께 나아간다면 중대한 죄를 용서받는데 장애물이 되지 않는다. 지은 죄가 제 아무리 무수하고 커서 하나님의 진노를 매우 크게 할지라도, 그 죄는 그들을 용서하시는 하나님을 조금치도 뒷걸음질하시게 하지 못한다.[80]

그리스도의 보혈은 작은 죄를 제거할 수 있는 것처럼 큰 대죄를 제거하기에도 충분하다. 그리스도께서 모든 죄 값을 지불하심으로써 하나님께서 만족하셨기 때문에 올바른 방법으로(그리스도를 통

---

78) 존 번연. 「조인 괴수에게 넘치는 은혜」이길상 역(서울: 규장, 2009), p. 90.
79) 조나단 에드워드. p. 14-15.
80) Ibid., p. 15

하여) 자비를 얻기 위해 하나님께 나아가는 자들의 대죄(大罪)를 용서하시는 것은 그 어느 방면으로도 영적 속성이 지닌 영광과 모순되지 않는다.[81]

그리스도의 보혈은 우리의 죄뿐 아니라 죄책까지도 처리하는 능력이 있다. 코리텐 붐 여사는 하나님께서 우리 죄를 던지신 깊은 바닷가에 "낚시 금지"라는 푯말을 세워두셨다고 말했다. "하나님이 용서해주시고 잊어버린 것을 우리가 다시 물 밑에서 끄집어 낼 권한이 없다"[82]
데이빗 시멘즈는 말한다:

그 어떤 죄인의 죄책이 크면 클수록 영광스럽고 놀라운 은혜는 용서에서 더더욱 드러난다. 로마서 5장 20절은 '죄가 더한 곳에 은혜가 더욱 넘쳤나니'라고 말씀한다. 죄인이 지은 죄가 얼마나 중대한가를 말할 때, 죄인이 갖고 있는 죄책은 이루 말할 수 없지만 사도는 용서에서 나타나는 은혜의 풍성함을 간파한다...당신이 세상에 있는 모든 사악한 사람들과 지옥에 있는 저주 받은 영혼들처럼 당신을 짓누르는 많은 죄책을 갖고 있지만, 만일 자비를 얻으려고 하나님께 나아간다면 당신 자신의 악함을 깨닫고 오로지 그리스도 안에 있는 하나님의 자유로운 자비를 통해 용서를 구한다면, 당신은 결코 두려워 할 필요가 없다. 당신 이 지은 중대한 죄는 당신이 용서받는데 아무런 장애가 되지 못한다.[83]

---

81) Ibid., p. 16
82) 데이빗 A. 씨맨즈 「상한 감정의 치유」(서울:두란노, 1987), p. 32.
83) Ibid., p. 19

한편, 우리의 중죄를 용서하시는 은혜가 있다 하여, 죄가 많은 곳에 은혜가 더욱 많다[84] 하여 죄를 결코 가볍게 여겨서는 안 된다.[85] 또한 쉬운 용서를 기대해서는 안 된다. 만일 쉬운 용서를 기대하고 거기에 자기도취적으로 안주한다면, 그것은 쉬운 믿음주의를 선호하고 거기에 안주하는 것처럼 위험하다.

하나님은 하나님을 두려워하는 가운데 구원을 이루기 위해 믿음의 경주를 하는 칭의의 은총을 입은 우리를 위해 또 다른 은총을 예비해 두셨다. 그것은 다름 아닌 보전의 은총(Grace of Preservation)[86]이다.

## 8. 보전의 은총과 성화

우리의 영원한 대제사장이신 예수 그리스도는 지금도 살아계셔서 참 하늘 지성소에서 하나님 앞에 그분의 피를 예물로 드리며 우리의 완전한 구원—천국에 이르기까지—을 위해 중보기도 하고 계신다.

그러므로 자기를 힘입어 하나님께 나아가는 자들을 온전히 구원하실 수 있으니 이는 그가 항상 살아 계셔서 그들을 위하여 간구하심이라[87]

예수 그리스도를 믿는 자들에게 차별 없이 칭의의 은총이 주어지는

---

84) 롬. 5:20.
85) 롬. 6:1-2.
86) 히. 7:25.
87) 히.7:25

것처럼, 이 보존의 은총 또한 모든 믿는 자들에게 차별 없이 주어진다.

하나님은 예수 그리스도를 통해 그분께 나아가는 자들을 온전히 구원하실 수 있다. 그러므로 그리스도를 믿는 믿음으로 얻는 칭의의 은총도 크지만, 그에 못지않게 보존의 은총도 크다. 보존의 은총은 영원하신 그리스도의 대제사장적 중보기도(Intercession prayer of the High priest)로 얻는 은총이다.

필자의 판단으로는 지금까지 교회는 칭의의 은총만 가르치고 강조해왔지, 보존의 은총에 대해서는 별로 강조하지 않았다. 필자는 개인적으로 칭의의 은총을 받은 후 개인적인 경건행위로 하나님 앞에서 의롭다함을 받기 위해 노력하다가 한두 번 좌절감에 빠진 것이 아니었다. 물론 구원의 은총에 대한 감사가 경건생활의 동기가 되어야 하는 것은 당연하지만, 필자의 개인적인 행위로 하나님 앞에 옳게 보이려고 한 것은 큰 짐이 되었을 뿐 아니라 만성적인 죄책감(chronic guilty)의 원인이기도 했다.

실상 죄책감 자체는 모든 죄 중에서 가장 치명적인 것이다. 우리가 품은 죄책감은 문자 그대로 하나님과 우리의 관계뿐만 아니라 우리 자신과의 관계까지 말살시킨다.[88]

그런데 보존의 은총을 발견한 이후, 물론 히브리서 연구를 통해 얻은 것이지만, 필자의 개인적인 경건생활은 변화되기 시작했다. 십자가에 못 박히신 그리스도뿐 아니라 지금도 하늘보좌에서 나를 위해 중보하시는 그리스도를 더욱 의지하게 되므로 감사와 기쁨이 충만하게 되었다. 그리고 필자의 개인적인 의지보다는 감사와 찬양이 경건생활에

---

88) 켕빈 밀러. p. 322.

더욱 동기와 힘을 부여한다는 사실을 깨닫기 시작했다. 그러므로 칭의의 은총 못지않게 보전의 은총을 믿고 의지하고 그 은혜를 감사하고 찬양하는 것이 필요하다. 예수 그리스도의 지상 구속 사역과 영원하신 대제사장으로서의 천상사역은 하나님이 우리의 온전한 구원을 위해 계획하신 구원의 메트릭스(metrix)다.

또한 여기서 반드시 언급하야 할 은총이 있다. 그것은 보전의 은총과 뗄 수 없는 것은 성화(聖化)의 은총이다. 성화의 은총은 지상에 있는 신자가 예수 그리스도의 중보기도로 온전한 구원에 이르는 과정에 주시는 은총이다. 존 웨슬레(John Wesley)에 의하면, 성화의 은총은 기독자 완전(Christian perfection)이다. 이는 절대적인 의미에서의 완전이 아닌 상대적인 의미에서의 완전인 바, 루터가 주장한 바와 같이 하나님을 사랑하고 이웃을 내 몸처럼 사랑하는 사랑이다. 초기의 성화인 중생한 신자가 예수 그리스도 중심의 삶을 사는 가운데 오로지 하나님의 은혜로 받는 이 은총은 제2의 축복이다. 그리고 이 은총 혹은 제2의 축복은 성령충만의 결과다.

## 9. 성령충만

궁극적으로 보전의 은총을 실현시키고 이끄시는 분은 성령이시다. 이는 요한복음 16장 13절과 관련 된다:

진리의 성령이 오시면 그가 너희를 모든 진리 가운데로 인도하시리니

시에나의 캐서린은 말한다:

사람들은 성령이 흐리는 눈물과 활활 타오르는 그분의 동정심으로 영생을 받는다. 다시 말해서 성령이 하나님 앞에서 당신을 위해 울부짖으며 불의 눈물을 흘리고 계신 것이다. 성령은 우리를 위해 말할 수 없는 탄식을 하신다. 이 탄식은 하나님의 보이지 않는 얼굴을 선명하게 마음 판에 새기는 불의 눈물이다. 우리가 매일 매일의 고통에서 구원받을 수 있는 것은 바로 우리를 위해 눈물 흘리시는 축복의 성령 때문이다.[89]

성령은 진리의 영이시므로 우리를 진리이신 예수 그리스도께로 인도하시며 보전의 은총을 실현시키신다. 그리고 진리의 성령은 믿고 순종하는 자에게 충만히 임하신다.

한편, 성령 충만해진다는 것은 하나님의 기쁨과 영광을 위해 산다는 것을 의미한다. 스스로 계획한 삶을 버리고 하나님이 예비해두신 삶을 따라 사는 것이다.[90]

하나님의 거룩하신 이름과 영광 앞에 감사와 찬양을 세세무궁토록 돌리도록 하라!  죄와 죄책감의 어두컴컴한 동굴에서 빠져나와서, 아들 예수 그리스도의 피로 우리 죄를 용서하시고 죄와 사망에서 우리를 구원하셨으며, 말씀과 거룩하신 성령을 주심으로써 우리를 온전케 하시는 모든 은혜의 하나님의 자비로우신 얼굴을 바라보라!  쉬운 회개

---

89) 캘빈 밀러. p. 324.
90) 조이스 마이어. p. 154.

와 쉬운 믿음주의는 경계할지라도, 구원의 은혜와 구원 후에 지은 죄라도 회개하면 용서하시는 용서의 은혜를 거절하거나 포기하지는 말라!

그러면 이제 하나님의 아들의 형상을 닮아가는 영적 성장과 성숙-온전함의 길을 가로막는 장애물들이 무엇인지 생각해보도록 하자.

# 제3장. 영적 성장의 장애물들: 내면의 상처

용서는 결코 쉬운 일이 아니다.
내게 상처를 입힌 사람을 용서 하려면 나를 부인해야 한다.
나라는 자아를 철저히 죽이지 않는 한 용서는 불가능한 일이다.
그러나 용서는 나를 해방시킨다.
진정한 자유는 용서하는 일에 있다.

-로렌스 자피-

# 제3장
# 영적 성장의 장애물들: 내면의 상처

구원과 보존의 은총을 받고 있음에도 불구하고 실제 삶에서 수많은 그리스도인들이 영적 침체에서 벗어나지 못하며, 죄책감과 우울, 그리고 여러 가지 병리적인 증상에 시달리고 있는 경우가 허다하며, 순기능적이어야 할 그리스도인의 가정(Functional family)이 역기능적인 가정(Dysfunctional Family)으로 변하며, 거룩한 믿음의 공동체인 교회가[1] 빛과 생명력을 잃어가는 이유는 무엇 때문인가?

이 모든 문제들 가운데는 내면의 외상들(traumata)이 있다. 숱한 리스도인들이 내면에 있는 외상들과 이로 말미암는 병리적 증상들 때문에 영적 침체와 원치 않는 고통스런 삶을 연명하고 있다. 그리고 그것들은 천국을 찾는 내면의 영적 순례에 엄연한 방해물이 되고 있다.

## 1. 내면의 상처와 병리적 증상들

순례의 여정에 최대의 방해물은 근원적인 상처(original damage)인

---

1) 모든 교회들이 다 그런 것은 아니다. 그러나 많은 교회들이 그런 증상에 걸려 있다.

원죄뿐만 아니라 성장과정[2]에서 받는 외상들과 그로 인한 병리적 증상들(pathological symptoms)이다.

로렌스 자피(Lawrence W. Jaffe)는 말한다:

거의 모든 사람들은 어린 시절의 정서적인 외상에 지배를 받는다. 그 외상을 의식적으로 대면하지 않는다면 그것은 그 사람의 운명을 결정하게 된다[3]

---

2) 에릭 에릭슨은 인간성장의 8단계를 제시하며, 무릇 이 모든 단계에서 해결할 과제들을 해결해 나가야 성숙한 인간이 된다고 말한다. 1단계: 기본 신뢰 대 불신(basic trust vs Mis trust): 이 단계에서는 돌봄에서 창조되는 신뢰가 중요하며 인생 전반에 걸쳐 자신과 관계, 대인관계, 그리고 무엇보다 하나님과의 관계에 지대한 영향을 미친다. 제2단계: 자율성 대 수치심과 의심(Autonomy vs. shame and guilt). 이 단계는 사랑과 증오, 협동과 이기심, 자아표현의 자유와 억압의 비율을 결절하는 단계. 자기 존중의 상실 없이 자기 통제의 감각을 키워 줌으로써 선한 의지와 긍지, 나아가 자율성을 갖게 하는 것이 중요하다. 제3단계: 솔선성 대 죄책(Initiative vs. guilt). 다른 사람에게 자신을 과시하려는 새로운 기적의 단계. 모든 것에 대한 새로운 희망과 책임을 형성함으로써 솔선성의감각과 특질을 가지며, 좀 더 그/그녀 자신이 되게 하는 것이 중요하다. 제4단계: 근면 대 열등감(industry vs. Inferiority). 이 단계는 아동이 도구세계(tool world)에 적응하는 시기. 작업에 있어서 집중력과 근면에 의한 완성의 즐거움을 가르치는 것이 중요하다. 제5단계. 정체성 대 정체성 혼란( Identity vs. identity difussion). 사춘기이며 탈위성화 단계. 지금까지 부모를 중심으로 형성된 정체성의 궤도에서 벗어나 새로운 정체성을 형성하는 시기이다. 누군가 이상적인 인물을 우상화하며, 이때의 위험은 역할 혼동(role confusion)이다. 따뜻한 대화가 가장 필요하고 중요한 시기. 제6단계: 친숙과 소와 대 자기몰입(Intimacy and distantiation vs. self-absorption). 자신의 정체성과 다른 사람들의 정체성의 융해를 시도하는 시기. 이 시기의 위험은 경쟁적, 전투적 관계이며 여기에서 인격 문제가 발생한다. 제7단계: 생산성 대 정체(Generativity vs. stagnation). 성인기로서 다음 세대를 계획하고 이끄는 데 관심을 갖는 시기. 생산적이고 창조적인 삶을 삶, 제8단계: 자아 통합 대 절망(Integrity vs. despair). 자신의 존재와 삶의 가치와 의미 그리고 삶의 목적을 성취하는 데서 오는 자아통합을 이루지 뿐 아니라 새로운 삶을 시도하기에 시간이 없다는 절망의 단계이다. Erik Erickson, *Identity and Life Cycle*(NY: W.W. William Morrow and Co., inc. 1992), p. 1-235.

3) 로렌스 자피. 「융 심리학과 영성」 심상영역(서울: 한국심층심리연구소, 2010), p. 24.

상처 입은 자기(wounded in self)를 가진 자, 특히 어린 시절에 자신의 가치를 느껴보지 못한 사람들은 어른이 된 후에도 자존감을 박탈당했다는 느낌에 더 민감하다.[4]


상처들은 우리의 내면에서 죄의식과 함께 군집(constellation)되어 우리의 인격을 왜곡시키고, 모든 관계에 심대한 상처를 입히며, 천국을 향한 순례의길을 가로막는다. 그것들은 어두운 그림자(shadow)로서 무의식의 창고에 저장되어 있으며, 직면(confrontation)과 통합(integration)을 위해 꿈의 상징을 통하여 나타나기도 한다. 이에 대해서는 이후에 좀 더 논의하기로 하고 여기서는 간략하게 병리적 증상들을 일별하기로 하자.

병리적인 증상들 가운데는 자기 지식(Self-knowledge)의 결여 및 가치감의 상실로 인한 소외(alienation), 주변화(Marginalization), 깨어짐(Brokenness), 단편화(Fragmentation), 격리(Compartment), 강박적 자기애(compulsive narcissism), 강박적 인격 장애(compulsive personality disorder), 편집증(obsession), 성 중독(sexual adict), 알콜 중독(alcholic), 언어와 행동의 폭력(violence) 신경증적 성격장애 등등의 병리적 증상들이 있다.

신경증적 성격장애는 삶의 어떤 부문에서는 자신의 책임이 아닌 것에 대해 죄의식에 시달리는 반면, 다른 부분에서는 실제적으로 자신의 책임을 떠맡지 않으려는 것이다. 이 증상들은 그리스도교 써클에서 말

---

4) Ibid., p. 45. 로렌스 자퍼는 어린시절 받은 상처로 인해 형서된 콤플렉스를 진정한 자기(the true Self)와는 구분되는 거짓 신으로 명명한다. 그리고 어린시절에 형성된 신경증적 세계관, 즉 거짓 신을 버리고 진정한 자기를 찾게 해 주는 작업을 심층심리치료라고 한다.

하는 치명적인 죄들인 교만, 시기, 분노, 나태, 탐욕, 탐식, 허영들 역시 이것들과 서로 뒤엉켜있다.

우리 모두는 삶이라는 궤도를 달리고 있는 존재들인데, 그 궤도 위에서 무엇인가 의미를 찾고 있다. 그런데 삶의 의미란, 문제를 직시하고 그것을 해결하는 모든 과정 속에 있다. 우리는 문제들을 통해서만 지적으로나 영적으로 성장할 수 있다. 문제를 직시하고 고통을 감수하기보다는 거기에서 회피하거나 달아나려고 하려는 경향은 모든 정신 질환의 주된 원인이 된다.[5] 다시 말하면, 모든 신경증은 정당한 고통을 회피한 대가다.

그러면 그림자들(shadows)로서 우리 내면의 무의식의 창고에 가득 차 있는 상처와 그것들의 군집된 형태에 대한 여러 학자들의 견해를 들어 보는 것은 문제 해결과 치유에 도움이 될 것이다. 먼저 로버트 무어의 해석을 들어보자.

## 2. 로버트 무어의 4가지 원형들

조직 신학자이자 융 심리학자인 로버트 무어(Robert Moore)[6]는 그의 저서 King, Magician, Warrior, Lover를 위시한 몇 권의 저서[7]에서 인간(특히 남성)의 내면의 원형(Archetype)과 이에 반하는 미성숙한 모습을

---

5) M 스콧펙. p. 18

6) 현재 시카고신학대학원 교수이자 에반스턴(Evanston)의 융 연구소의 주 강사이자 스위스 융 학회의 저명한 포스트 융이언(post-Jungian)이다. 필자는 그의 가르침을 받았다.

7) Robert Moore, Douglas Giillette. *King Warrior Magician Lover*(NY: harperSanFrancisco, 1990), pp.3-156.

그린다. 상당히 분석심리학적 접근이지만, 내가 보기에 진정한 자기(the Self)를 찾으려는 그의 노력은 내면의 천국을 찾는 하나의 시도라고 할 수 있다.

그에 의하면, 우리 내면의 진정한 자기(Human Being in its fullness)의 원형은 왕(King), 마술사(Magician), 전사(Warrior), 연인(Lover)이다. 이러한 진정한 자기(The Authentic Self)에 도달하지 못한 그림자들, 말하자면 상처들로 인한 그림자 자기(The Shadow Self)의 모습들은 다양하다.


### 1) 왕

먼저 왕(King)의 그림자는 폭군(The Tyrant)과 연약한 자(The Weakling)이며, 진정한 왕의 모습에 도달하지 못한 신성한 아이(The Divine Child)는 그것의 그림자인 높은 의자 폭군(The High Chair Tyrant)과 연약한 왕자(The Weakling Prince) 모습을 갖고 있다.

신성한 아이는 권력에 대한 욕구와 과장된 자기기만, 충동적이며 잠재된 우월감으로 가득 차 있다. 높은 의자 폭군은 독선적이며, 거만하며, 유치하며, 무책임하며, 병적 자기애(pathological narcissism)를 갖고 있다. 그는 완전주의자이며, 자신에게 불가능한 것을 요구하며, 좌절되면 자기비하에 빠진다. 비판에 예민하며, 그의 분노 밑에는 무가치함의 감정이 깔려 있고, 나약한 감정을 숨기고 있다. 이에 반해 나약한 왕자는 개성과 삶에 대한 흥미가 없고 적극성이 없다. 그는 항상 다른 사람들이 다독거려주기를 바라며, 방석 위에 앉아 다닌다. 그는 편집증(paranoia) 증상을 갖고 있다.

그러면 진정한 왕의 특징은 어떤가?

진정한 왕(King in it's Fullness)은 질서를 창조하며, 다산(多産)과 풍요(豐饒)를 가져다 준다.[8]

우리는 진정한 왕의 모습과 역할을 성경에서 찾을 수 있다. 제왕시(帝王詩.royal Psalms)인 시편 24편은 왕 중의 왕이신 하나님의 재창조와 질서부여와 축복(Blessing)의 기능을 소개한다. 사실, 시편은 예수 그리스도에 대한 노래이자 예언이기 때문에, 무질서 혹은 혼돈의 세력을 정복하고 왕위에 등극하여 세상에 질서와 축복을 부여시는 분은 예수 그리스도이시다. 예수 그리스도는 인간이 상실한 처음의 안식을 회복시키시고 생명을 부여하시는 진정한 왕이시다.

예수 그리스도는 진정한 자기의 원형이시다. 만일 그리스도인들이 상처를 치유 받아 진정한 왕의 원형이신 그리스도의 모습으로 성숙한다면, 그 또는 그녀는 자기 가치 감정[9] 곧 내면의 질서를 가지며, 다른 사람의 가치를 인정하며, 주변에 안정과 질서를 부여하며 축복하는 사람[10]이 될 수 있다.

## 2) 전사

둘째 원형인 전사의 그림자는 사디스트(The Sadist.가학자)와 메조키스트 (The masochist.피가학자)이다. 진정한 원형인 전사를 향

---

8) "비의 왕"King of Rain이라고도 부른다.

9) 이는 빅터 프랭클Victor Frankle이 말한 의미에의 추구Will to meaning와 일치한다.

10) John Trant 와 Smally는 Blessing에서 축복의 원리를 제시하고 있다. 그것들은 첫째로, 의미 있는 만짐Meaningful Touch, 말로써 하는 축복The Spoken Message, 높은 가치 부여Attaching High Value, 특별한 미래를 그려 줌Picturing a Special Future, 그리고 적극적 헌신Active Commitment이다.

한 미성숙한 영웅(The Hero)의 그림자는 싸움 잘하는 골목대장(The Grandstand bully)과 비겁자(The Coward)이다. 싸움 잘하는 골목대장은 자신의 지위가 도전 받으면 즉각 분노를 표출하고 그 사람을 공격한다. 그러나 그의 내부에는 비열함이 은닉되어 있고, 그가 나타내는 불안감은 자기 방어의 시도이다. 그는 결코 팀플레이(Team play)를 하지 못하며 외톨이로 지내기 쉽다. 비겁자는 육체적 싸움을 혐오하며, 다른 사람이 하는 정서적 조종(Emotional manipulation)을 개의치 않는다. 그래서 타인의 압력을 따라간다.

사디스트는 파괴와 잔인성에 대한 정열을 갖고 약한 것을 증오하며, 불안 때문에 강박적 성격 장애를 가지며, 메조키스트는 일명 "분풀이 대상이 되는 강아지" 혹은 "다루기 쉬운 봉"이며, 심리적으로 사디스트와 마찬가지로 그 또는 그녀는 강박적, 충동적 성격을 갖고 있다

그러면 진정한 전사(The Warrior in its fullness)의 모습은 어떤가?

그 또는 그녀는 잘 훈련되어 있고, 명철한 사고를 지니며, 동시에 임박한 죽음을 의식한다. 인생의 짧음에 대한 의식을 갖고 있는 것이다. 자신의 한계를 알고 받아들이는 자만이 전사의 특징 가운데 하나인 자기를 초월한 헌신(transpersonal commitment)을 할 수 있다. 그 또는 그녀는 타인 중심의 삶을 추구하며, 자기를 통제하며, 긍정적이며 확고부동한 정신과 용기로 목표를 위해서 죽음을 무릅 쓰는 헌신을 한다.

성경은 하나님을 "전사"(戰士)로 묘사 한다.[11] 우리의 구원을 위해서 리바이어던(용)의 세력과 싸우실 뿐만 아니라, 자신의 외아들을 보내어 십자가에서 죽게 하시기까지 우리를 사랑하시는 전사이시다.

---

11) 출. 15:3. 사. 42:13. 렘. 14:9, 20:11,

그러면 예수 그리스도는 어떤 분이신가? 그분은 인간 구원의 목표를 위해 자기를 초월하는 사랑과 헌신으로 자신을 죽음에 내어 놓는 진정한 전사이시다.


### 3) 마술사

셋째로, 마술사의 그림자는 동떨어진 조종자(The Detached Manipulator), 부인하는 천진한 자(The Denying Innocent one)이다. 마술사에 접근하는 미성숙한 그림자인 조숙한 아이(The Precocious Child)의 그림자는 팔방 술수꾼(The Know-It-All Trickster)과 바보(The Dummy)다. 조숙한 아이는 외향적 성격을 지니며, 배움에 열정적이다. 호기심과 모험적 충동으로 항상 "왜?"라는 질문을 잘 하며, 사색적이다.

모든 것을 다 아는 척 하는 팔방 술수꾼은 사고, 행동, 감정이 어린 아이 태를 벗어나지 못하며, 남에게 사기를 잘 치며, 외양을 꾸미는 데 전문가이다. 자신을 "재림 예수"(Second coming of Christ)로 착각하며, 사람들이 모인 대화 장소에서는 모든 것을 다 아는 척하며 항상 대화를 독점하는 우산 콤플렉스(Umbrella complex)를 갖고 있다. 그러므로 자기와 견해가 다른 사람이 있으면 헐뜯기 일쑤이며, 내면에는 시기심으로 가득 차 있다.


바보는 개성과 열의와 창의력을 결여하며 믿음과 유머 감각이 없다. 외관 상 얼빠져 보이지만, 이 모든 것은 가면(Mask)일 수 있다. 동떨어진 조종자는 인간적 가치에 대해 냉소적이며, 자신뿐만 아니라 다른 사람을 조종하여 상처를 입힌다. 모든 결정은 이해득실을 계산하여 한다. 부인하는 천진한 자는 매사에 무책임하며, 시기심이 가득하며, 태만하다.

그러면 진정한 마술사(The Magician in its fullness)는 어떤 자인가?

그는 지혜자이며 기술에 있어서 숙달자이다. 그는 통찰력을 지니며, 모든 일을 심사숙고하여 처리하며 사려가 깊다. 그는 의례 인도자(Ritual process leader)[12]로서 사람들의 개성화(individuation) 혹은 정신적 변화(spiritual transformation)와 성숙을 이끌어 간다.

예수 그리스도는 진정한 마술사이시다. 그분은 깨어지고 분열된 우리의 자아를 통합하시며, 하나님의 형상을 우리 안에 이루시는 일을 하신다. 연금술사(Alchemist)가 물질을 변형하고 변환하는 것처럼[13] 우리의 변형 과정을 지도하시는 분이시다.

한 가지 예를 들어, 삭케오("청결한 사람", "순수함")는 그 당시 하나님의 백성들에게는 더러운 죄인의 대명사였다. 하지만 그는 이름 그대로 청결케 된 사람, 본래적인 존재로 변화된 사람이다. 구원은 죄 사함

---

12) 멘토Mentor로서의 기능을 한다.

13) 멀치아 일리아데, 「대장장이와 연금술사」이재실 역(서울:문학동네, 2003), p. 11. 고대로부터 연금술사들은 물질의 변형과 완성을 꿈꾸었다. 그들은 연금로에서 광물을 금으로 변환시키는 일을 계속해왔다. 금의 고귀함은 성숙의 결과이며, 자연의 궁국 목적은 광물계의 완성, 그 최후의 성숙에 있다. 그런데 금은 고도로 정신적인 상징을 담고 있다. 연금술사는 자연을 도와 그 궁극 목적을 달성하고 지고의 성숙에 도달하기까지 광물,인간을 완성시키는 데 있다. 그 과정 속에 중요한 것은 현자의 돌을 발견하는 것인데, 이 현자의 돌을 발견하면 삶도 변환시킬 수 있다고 믿었다. 광물질은 수난받고 굳어서 새로운 존재, 불멸성의 상징인 금으로 변환(물질의 속죄)되듯이, 신자는 고통과 죽음과 부활을 통해 변화된다.
금속의 성숙과 완성이라는 연금술은 메소포타미아적인 기원을 갖고 있고, 그리스, 이집트, 시베리아, 자바 섬, 인도네시아, 중동, 동유럽, 아프리카, 일본, 중국, 인도 등 세계적인 분포를 가지고 있다.

에만 있는 것이 아닌 존재의 변화에 있다. 오늘도 그리스도는 당신의 몸 된 교회 안에서 우리의 변화를 이끌어 가시는 진정한 마술사요 연금술사로 일하신다.

## 4) 연인

마지막 원형인 연인의 그림자는 중독된 연인(The Addicted Lover)과 무능한 연인(The Impotent Lover)이며, 연인에 접근하는 미성숙한 그림자는 오디프스 아이(The Oedipal Child)와 마마보이(The Mama's Boy), 그리고 몽상가(The Dreamer)이다.

오디프스 아이는 '원형적 어머니'에게 속박되어 있고, 마마보이는 자기애적(autoerotic)이며 '어머니의 치맛자락'에 매어 달려 있다. 그는 어머니와 결혼하고자 하는 망상에 빠져있어서 마음에 끌리는 여자들을 좇아다니는 돈 쥬앙 신드롬(Don Juann Syndrom)에 빠져있다. 충동적으로 자위하며, 여성의 몸에서 여신 찾느라 포르노에 빠진다. 쉴새없이 누드 사진을 수집하여 누드집을 만들며, 그룹 섹스를 즐기며, 자신의 펠러스(phallus.발기한 성기)를 전능한 펠러스(Almighty Phallus)로 생각하며 세상의 모든 여자를 소유하고자 한다.

몽상가는 인간관계에서 단절적이어서 고립감을 가지며, 정직하지 않고 항시 우울하다. 그 우울 배후에는 어머니에 대한 소유욕이 숨어 있다

중독된 연인은 "이 넓은 세계의 관능과 성의 체험을 왜 절제해야 하는가?"라는 질문을 던지며 감각의 대양에서 길을 잃는다. 순간의 쾌락을 위해 살아가는 "육욕의 죄"에 빠진다. 내적, 외적으로 끊임없이 방

황하며 음화(淫畵)를 수집하며(이는 일종의 무의식적 과대망상으로 인한 한 우상숭배 형태이다), 한 여인에게서 다른 여인에게로 전전긍긍한다. 그 또한 그녀에게는 뚜렷한 윤리적 도덕적인 경계선(boundary)이 없다.

무력한 연인은 무감정한 방식으로 삶을 체험하며, "침체된 정서"로 말미암아 생의 열의가 없다. 만성적 우울(chronicle depression)이 그의 정신적 특성이며, 타인과 자신 사이에 단절감을 느낀다. 비젼이 없고 육체적으로는 성기 불능과 퇴행이 특징으로 나타난다.

그러면 진정한 연인(The Lover in its fullness)의 모습은 어떠한가? 그 또는 그녀는 생동감이 넘치며, 이는 열정의 원형 에너지이다. 외부 환경에 대한 감수성과 정열이 있고, 심미적 의식을 갖고 있으며, 연대감, 생의 환희, 열의, 연민, 동정심이 있으며, 삶의 목표와 일의 성취를 낭만적으로 느낀다. 그 또는 그녀는 이상주의자(Idealist)이자 꿈꾸는(Vision) 사람이다.

하나님은 진정한 연인이시다. 그분은 사랑이시다. 기쁨을 감추지 못할 정도로 우리를 사랑하시며[14] 변함없는 사랑으로 사랑하신다. 그리스도 예수 안에 있는 우리에게 주시는 사랑에서 끊을 수 있는 그 어떤 것도 존재하지 않는다.[15]

하나님의 자비 혹은 긍휼에 사용되는 히브리어 רחמים(rechamim)은 '하나님의 자궁(Womb of God)이다. 여인이 자신의 자궁에서 난 자식에 대한 사랑을 끊을 수 없는 것과 같이, 하나님은 우리에 대한 그분의

---

14) 습. 3:17.
15) 롬. 8: 8:38-39.

사랑을 포기하지 못하신다. 하나님은 그분의 자비로 우리의 있는 모습 그대로를 받아주시며 또한 그분의 은혜로 그 아들의 형상을 본받게 하기 위해 우리의 영적 변화와 성숙을 이끌어 가신다.

우리는 질문을 던질 수 있다(인간은 항상 질문을 던지는 존재다). 인간 내면의 상처와 병리적 증상들은 치유 가능한가? 그럼으로써 온전한 삶을 살 수 있는가?

이에 대해서는 장의 마지막 부분에서 다루기로 하고 에쉬브룩에 대해 생각하기로 하자. 그는 우리에게 인간의 정신과 내면에 대해 깊은 통찰을 제공한다. 좀 더 부연하면, 그는 인간의 뇌와 영성이 플라톤과 아리스토텔레스의 이원론에 쇄뇌된 실재와 그 전략(strategy), 그로 인한 인간관계의 온갖 차별의 실재를 파헤친다. 가정이든 교회든 사회든 차별과 그로 인한 상처는 쇄뇌된 뇌의 전략에 근거한다.

## 3. 에쉬브룩의 뇌와 영성

게렛복음주의신학대학원(Garrett-Evangelical Theological Seminary)의 은퇴 교수인 뇌 신학자 에쉬브룩(Ashibrook)은 그의 대표적인 저서 *The Brain and Belief*에서 인간의 뇌와 영성의 관계를 밝히고 있는데, 그는 단순히 뇌의 기능만을 말하는 것이 아니라 그릇된 철학이나 이데올로기에 의해 세뇌된 뇌와 정상적인 혹은 원형적인 뇌의 영성을 다루고 있다. 그는 말 한다:

우리가 공간을 어떻게 조직하는가는 우리에게 무슨 일이 일어났는가를 드러낸다. 더욱 특별히, 건축은 우리의 내면적이며 영적인 마음 밭을 드러내는 외면적이며 가시적인 이미지들로 이해될 수 있다…진실은 이렇다: 우리는 우리가 누구인가를 건축하며, 우리는 우리가 건축하는 우리다(We are what we build).[16]

### 1) 원형의 상징: 돔 형식의 건축물

그에 의하면 어떤 대형 상점마저도 원형적인 뇌를 모방한 바실리카(basilica)나 대성당처럼 온전함(wholeness), 완성(completeness)의 상징인 만다라의 사중 형태(fourfold form of Mandala)를 띄고 있다.[17] 그 대형상점은 성스런 장소(sacred space)뿐만 아니라 성스런 시간(sacred time)을 구성 한다.[18] 그에 의하면, 모든 물리적 환경, 특히 건축물들은 영혼의 원형인 만다라 혹은 온전함을 추구하는 인간 정신(human psyche)의 외적 표현일 뿐만 아니라 가치의 표현이다. 그는 말한다:

> 공간은 우리의 마음 밭을 상징하며 우리의 가치를 구체화한다. 그것은 세상에 대해 가진 우리의 의식적 무의식적 관점을 드러낸다. 우리는 우리가 가진 세계관—우리의 '인간적' 세계—을 물리적 환경에 씌운다.[19]

---

16) James B. Ashbrook, *The brain & Blief*(USA: Library of Congress, 1988), p. 17.

17) Ibid., p. 16.

18) Ibid. 미국의 파사데나 주 렌카스터에 있는 파크 시티 센터(Park City Center)는 원형(만다라)을 중심으로 동서남북으로 네 지류의 상점들이 뻗어있다.

19) Ibid., p. 19.

그에 의하면, 인간의 원형적인 뇌와 영성은 성 소피아(St. Sophia) 사원이 보여주듯이 비잔틴 비젼(Byzantine Vision)의 돔(The Doom) 형식의 건축물이다.

모든 것은 그것의 날개 아래 깃들인다. 그것은 모든 사람 모든 것들을 품기 위해 날개를 펼친다. 수많은 출입구는 사회 안에서의 개방성을 드러내며 인간 본성의 개방적 특질을 드러낸다. 소속된 모든 사람들은 삶의 모든 부분에 참여할 수 있다. 안으로 들어가는 중앙 문 위에는 그리스도가 모자이크 되어 있고 '그대에게 평안이 있을지어다. 나는 세상의 빛이라'는 문구가 새겨져 있다. 여기서 그리스도인들은 그리스도를 진정한 자기(the true self)로 동일시한다.[20]

돔 정신(The doom psyche)은 결성 혹은 연결(connectedness)을 발견하도록 하며, 비잔틴 문화는 우리에게 삶의 의미에 대한 원형적인 이미지를 제공한다. 돔 형식 안에서 우리는 우리를 영적인 포괄성(spiritual inclusiveness)과 연결시키는 고무된 확신을 경험할 수 있다. 진실로 '온 땅은 견고한 사랑이 충만하다'(시. 33:5). 돔 정신(The Doomlike mentality)이 인간의 영혼 안에 들어있다는 것은 인간의 영혼은 온전함(wholeness)에 대한 갈망, 다른 말로 표현하면 복락원 즉 하나님과의 관계에 대한 갈망을 갖고 있음에 대한 반증이라 할 수 있다.

---

20) Ibid., pp.24-25.

## 2) 뾰쪽탑 양식: 이원론

그러나 이와 반대로 중세 서구 교회의 뾰쪽탑(The Spire) 양식의 교회에서 권위는 제단에 있었다. 에쉬브룩은 말한다:

> 건물 그 자체는 그리스도교 교리, 형식적인 논리, 그리고 합리적인 질문을 통합했다. 계급적인 권위(hierarchical authority)의 분명한 질서와 더불어, 뾰쪽탑 정신(spirelike mind)은 유한의 혼돈(the chaos of finitude)을 조직했다. 실재를 조직하는 중세의 합리적 이성은 권위를 최우선으로 삼았다 권위는 하나님으로부터 교황에게, 사제에게 그리고 평신도에게 '하강'했다. 두 뾰쪽탑은 두 권위, 교회와 제국을 의미했다.[21]

여기에는 인간 상호간의 연결성이 존재하지 않는다. 오로지 맹목적이고 싸늘한 힘과 권위만이 활개 친다. 하나님과 인간뿐 아니라 인간 사이의 갭(gap) 혹은 심연(gulf)을 반영하는 뇌의 이 영성은 플라톤과 아리스토텔레스의 이원론으로 더욱 세뇌되었다. 이 영성은 분리의 경계선(boundary)을 더욱 강화하고 심화한다.

에쉬브룩의 뇌에 대한 이해의 관점에서 보면, 인간의 뇌는 하이어라키적(계급적. hierarchical)이고 이원론적으로 쇄뇌 되어있기 때문에, 자신이 인식하든 그렇지 않든 간에 인간 자신과 모든 관계에 부정적인 영향을 미침으로 인해서 온전한 그리스도인의 삶에 큰 장애물이 된다.

무어와 에쉬브룩의 분석적 통찰력은 그들 나름대로 우리에게 큰 빛

---

21) Ashibrook., p. 30.

을 던져준다. 무어는 내면의 자기의 통합을, 그리고 에쉬브룩은 뇌의 사고의 변형을 말한다. 둘 다 우리 인간이 받는 유전적. 문화사회적 영향, 그리고 심리적인 영향을 끌어들이고 있다.

특히 에쉬브룩은 인간 정신(영혼)의 메트릭스인 뇌가 인간을 지배한다는 개념을 전달하는 것같다. 그런데 인간의 뇌는 역사적으로 문화적 환경 속에서 영향을 받고 진화(진화론적 개념이 아닌, 어떤 식의 발전) 되어 왔기 때문에, 원형적인 면을 추구하면서도 거기서 이탈한, 이탈하는 관성을 가지고 있음을 간파할 수 있다. 개인과 가족 간의 불화와 갈등과 싸움, 사회와 국가 간의 갈등과 싸움들은 모두 인간 뇌의 정신과 영성의 산물이라 할 수 있다.

에쉬브룩에 이어 에릭슨을 살펴보는 것은 우리가 받은 상처를 이해하고 치유하는 데 도움을 준다. 에릭슨은 우리의 성장 과정과 그 과정에서 발생하는 성처들이 우리에게 어떤 장애를 주는지 통찰을 제공한다.

## 4. 에릭슨의 프레임

오랜 신앙경력을 지닌 성도들 가운데 뒤틀린 자아상을 갖고서 관계에 장애를 일으키는 사람들을 많이 만날 수 있다. 이에 대해 답변할 수 있는 길이 많겠지만, 에릭슨의 이론을 통해 설명을 시도해 보는 것은 도움이 되리라 믿는다.

먼저 언급할 것은, 한 인간의 성장은 수많은 복합적인 상호과정을 거쳐 이루어진다는 사실이다. 이 과정에서 중요한 역할을 하는 것은 심리적 성장이다. 이는 예수의 삶에서도 마찬가지다. 예수의 삶은 완벽한 완전 속에, 즉 결코 간과되어선 안 되고 계속 추구되어야 할 고전적 예(example)를 통해 신을 향한 심리적 성장을 보여준다.[22] 그런 점에서 에릭 에릭슨이 제공하는 프레임은 우리의 성장을 방해하는 내면의 상처들을 성찰하는 데 기여한다. 특히 인생의 초기 단계에서 받는 상처가 중요한 역할을 하는바, 초기 단계의 형태가 계속해서 개인관계와 영성관계에 정보를 제공해 준다는 사실을 염두에 두어야 한다.[23] 정신분석적 관점에서 보면, 종교적 실천은 초기의 어린시절의 신경증적 반복이다.[24]

### 1) 제1단계(유아기-구강기): 기본신뢰 대 불신뢰
### (basic trust vs mistrust)

이 시기는 어머니와 아이의 협동시기로서, 여자와 어머니로서의 자신과 아이를 향한 어머니의 태도는 육체적인 양육뿐만 아니라 정서적인 양육을 공급하는 일에 중요한 요인으로 작용한다. 어린아이 역시 주는 자에게 받아들여짐으로써 자신을 어머니와 동일시할 필요한 토대- 동일성(sameness), 연속성(continuity)-를 갖는 것을 배운다. 여기서 발달된 신뢰감은 아이의 정체성의 기초가 된다. 이 시기는 신뢰를 위한 능력이 아린아이 내부에서 나타나서 어머니에게서 응답을 찾는 시기다. 어머니가 말하는 태도, 아이를 안아주는 방식에서 성취되는 기본적 신뢰는 건강한 인격의 주춧돌이 될 뿐만 아니라 삶의 방향을 제공해주며, 이는 후기 종교의 시금석이 된다. 어머니와의 이 최초

---

22) 이블린 언더힐. 「예수 그리스도의 신비주의」배덕만 역(서울:누멘, 2009), p. 20.
23) 벤 존슨. 「목회 영성」 백상렬역(서울: 도서출판 진홍, 1995), p. 80.
24) 비키 제니아. 「영적 발달과 심리치료」김병오역(서울: 도서출판 대서, 2010, p. 38.

의 관계로부터 아이는 후에 하나님으로 상징되는 이미지를 그린다.[25]

　대상관계론적 관점에서 보면 태어나는 순간부터 세 살까지 즉 전오디푸기(pre-Odeipal period)에 형성된 성격은 그 사람의 인간됨(personhood)의 기초가 되어 남은 생애에 지대한 영향을 미친다.[26] 그런 점에서 성인기에 앓는 정신질환은 대부분 특정한 아이가 정신적 성숙에 필요한 부모의 사랑이 결핍되거나 그 사랑에 결점이 있을 때 일어나는 것으로 알려져 있다. 부모에게서 사랑받지 못하는 어린이는 부모에게 사랑의 능력이 결여되었다고 생각하기 보다는 자신이 사랑받을 가치가 없는 존재라고 생각한다.

　이 단계에서 어머니의 공급 기술(mothering)의 차질로 말미암아 기본 신뢰 대신 기본적인 불신뢰의 정신 외상을 가지고 사춘기와 성년기를 거친다면, 비록 그리스도인이 되었다할지라도 자신을 비롯한 가족 관계와 대인관계에서 여러 가지 병리적인 증상이 돌출될 것이다. 건강한 영적 발달을 통해 성숙한 신앙인이 되려면, 어릴 때 부모와의 갈등에서 비롯된 정신적 외상과 신경증적 불안 등을 심리치료적 관점에서 분석하고 치료를 받아야 한다.

### 2) 제2단계(초기아동기-근육,항문기:2-3세):
### 자율성 대 수치와 의심(Autonomy vs shame & doubt)

　이 시기의 아이의 자율성의 발달은 초기의 신뢰감의 지속성을 근거로 한다. 환언하면, 유아기에 형성된 불신뢰는 자율성의 발달과는 불

---

25) op.cit, P. 81.
26) Ibid., p. 9.

연속적이다. 이 시기에 물건을 쥐는 근육이 발달하면서 유아는 배의 힘을 조절하기 시작한다. 그래서 쥐고 있을 수도 있고 놓아줄 수도 있는 힘이 있다는 인식이 일어난다. 이와 함께 아이는 독립과 자기 조절을 배우기 시작한다. 그리고 자신과 타인 사이를 구별하기 시작한다. 이 단계에서의 과제는 자아에 대해 조정능력을 가진 인간이 되는 것이다.

에릭슨은 이 단계를 어머니와 자녀 사이의 상호규제를 위한 엄격한 시험으로 본다. 만일 어머니의 통제가 너무 빠르거나 지나치리만큼 완고하면, 그것은 어린아이들이 자신의 자유선택에 의하여 자신들의 기능과 활동들을 통제하는 것을 배우는 기회를 파괴하며 이것은 수치와 의심의 감정으로 이끈다. 그 결과 아이들은 자신을 과도하게 조종(操縱. manipulation)하려는 경향을 갖기 시작하며 조숙한 양심을 발전시키는 경향을 띤다.

에릭슨은 아이들을 확고하고도 관용 있게 대하라고 충고한다. 그러면 아이들도 자신을 확고하고도 관용 있게 대할 것이며 자율적인 인간이 되었다는 긍지를 느낄 것이기 때문이다. 그리고 긍지를 느끼는 아이는 다른 사람들의 자율을 허용하고 무슨 일도 감당해 낼 수 있다.

이 시기의 배변 훈련과정은 자아발달에 큰 영향을 미칠 수 있는 상호적인 자기규제를 위한 기회를 제공한다. 즉 아이는 정체와 배제(배변과 기타 활동)에서 자율성을 습득한다. 아이는 배변훈련을 통해서 자기의 행동을 통제할 것을 배워가지만, 실패한 때에는 자기의 능력에 의심을 품거나 수치심을 갖게 된다.

제1단계에서는 어머니의 공급 기술(mothering)이 주요 이슈(critical

issue)라면, 제2단계에서는 부모의 무관심이 주요 이슈가 된다. 무관심한 부모 하에서 자란 아동일수록 자율성 발달에 침해당하시기 쉽다. 그 결과 아이에게서 자기부적절감, 무기력, 자기 의심의 심리적 사회적 태도가 생긴다. 이런 아이가 어른이 되면 강박적 강박행동, 피해망상에 사로잡힌 편집증을 나타내기도 한다.

이의 표본은 구약성서에 등장하는 이스라엘 초대 왕 사울[27]이다. 사울은 하나님의 은총을 입었고, 한 때는 하나님의 신의 감동을 받은 자였지만, 결국 상처로 인한 자신 안의 미분화된 정신 에너지(undifferentiated psychic energy)의 피해자가 되고만 것이다.

그리스도인 가운데 강박인격, 강박행동, 피해망상, 편집증 같은 증상을 나타내는 이가 있을 수 있다. 그렇다면 이들은 이 시기에 자율성보다는 수치와 의심의 상처를 받았을 개연성이 충분하다. 이들 역시 심리분석과 치유를 받아야 한다.

### 3) 제3단계(유희년령-운동,생체기.학년전 아동6-7세)
#### 솔선성 대 죄책(initiative vs guilt)

이때의 위기는 새로운 정신활동의 능력과 기동성의 발달에서 온다. 넘치는 에너지를 가진 어린 아이는 잠시도 쉬지 않고 움직이려고 한다. 이 시기에 아이는 기동력을 발달시킨다. 걷기와 기어 다니는 기술을 습득함으로써 아이는 어머니로부터 빠져나가 세계를 탐사하는 데 주도권을 갖는다.[28] 하나님은 각 사람으로 하여금 주어진 모든 위기 속

---

27)  삼상 9장 이하
28) 벤 C. 존슨. p. 84

에서 그가 가진 능력을 주도적으로 행사하도록 부르신다. 이 주도권의 행사는 곧 그 사람의 존재의 전 인성을 표현하는 것이다. 이 시기에 아이는 독자적으로 행동하는 능력을 수립한다. 이 단계의 발달과정을 잘 습득하지 못하면 병적인 의존성(pathological dependence)을 키우게 되고 후기에는 수동적이고 희망이 없는 성격으로 나타난다.

이 시기의 아이는 또한 가정의 울타리에서 벗어나 이웃에게로 생활영역이 확대되어 많은 사람들과 대인관계를 갖는다. 아이들과의 놀이터에서 주도권을 갖게 되며, 언어능력이 향상되어 놀이형태가 위험스럽고, 장난이 심하며, 환상적인 놀이 중심으로 발달되는 시기이다. 이 시기의 위기를 극복하는 덕목은 가치 있는 목표에 직면하고 추구하려는 용기이다.

프로이트는 이 시기를 오디푸스(Oedipus)/엘렉트라(Electra) 콤플렉스 시기라고 불렀다. 성적 호기심에 의해 아이들은 다른 아이들과 성적 놀이를 한다. 그러나 반대의 성을 가진 부모와 갖는 성관계에 대한 바램, 그리고 동일한 성을 가진 부모의 자리를 대신하려는 많은 환상을 갖는데, 이 시기의 남자 아이는 어머니를 향한 성적 본능의 감정을 가지며 아버지를 향해서는 분노의 감정을 가진다. 그리고 그것은 죄책의 근원이 된다. 동일한 심리적인 동인과 현상은 엘렉트라 콤플렉스를 가진 여자 아이에게도 적용된다.

한편, 주도성(솔선)의 대지배자인 양심이 확고히 확립하는 것은 이 시기이다. 이제 어린아이들은 발견했을 때 부끄러워 할 뿐 아니라 발견당하는 것을 두려워한다. 말하자면 이제 그는 하나님을 보지 않고 하나님의 음성을 듣는다. 양심은 성과 관련하여 무거운 죄책감을 지울 수 있을 뿐 아니라 그들의 주도성이 표현될 수 없도록 심한 장애를 받았다는 적대감을 가질 수 있다.

이 시기의 아이에게 주요한 이슈(critical issue)는 아이의 독립적인 행동의 지지(支持)다. 이의 실패로 형성된 죄책감은 어린이로 하여금 행동보다는 사람 자체를 나쁜 것으로 느끼게 만든다. 비단 그리스도인이 되었지만, 늘 자신을 나쁜 사람으로, 무가치한 사람으로 비하한다든지 남에 대한 비판에서 자유롭지 못하며 그로 인해 풍성한 삶—이웃과의 사랑의 연대—을 누리지 못하는 경우라면, 이 시기에 솔선성 혹은 주도성보다는 죄책이라는 상처를 받은 자일 수 있다. 이 역시 분석과 치유를 받아야할 필요가 있다.

### 4) 제4단계(학동기-잠재기 6-11세):
### 근면 대 열등감(nduastry vs Inferiority)

이 시기는 아동의 사회적 학습의 발달시기이다. 이 때 아동은 도구세계(tool world)에 진입한다. 이 단계에서 아이는 자신감을 가지고 다른 사람들이 지지해 주는 어떤 일을 해 보인다. 이런 자신감은 초기에는 그리기, 쓰기, 만들기에서 시작된다. 이런 태도가 발전하여 장차 그/그녀에게 닥치는 어떤 일도 해 낼 수 있는 자신감으로 나타난다.

어린아이들은 무언가 가치 있는 것을 할 수 있는 사람으로서 다른 사람에게 의미 있는 존재라는 자각을 통해 그들의 사회적 가치감을 이끌어 낸다. 그러나 행동이나 물건을 만들어내는 일이 다른 사람을 패배시키는 방식이 될 때 활동은 부분적으로 적대 감정에 의해 일어나고 성취나 근면감각은 결코 만들어지지 않는다. 이 시기에 부모는 아이가 성취감과 성공감을 맛보도록 다양한 경험과 다양한 환경을 마련해 주며, 일에 대한 열의를 갖도록 근면성을 키워주어야 한다.

이 단계의 아동의 위험은 부적합성과 열등감이다. 만일 그의 도구와 기술, 혹은 그의 도구 파트너 사이에서 그의 지위에 대해 실망하면, 그들과 동일시하고 도구세계와 동일시하는 동일시로부터 절망하게 된다. 작업연합(industrial association)에 대한 희망 상실은 자신을 더욱 고립시킨다. 그러므로 이 시기는 보다 넓은 사회가 아동으로 하여금 기술과 경제에 있어서 의미 있는 역할을 이해하도록 도우는 것이 중요하다.

만일 그 또는 그녀가 크리스챤이지만 항상 자신과 남을 비교하거나 무엇이든 비교하므로 만성적인 열등감에서 빠져나오지 못하거나 남을 쉽게 비난하고 정죄하는 경향을 나타낸다면, 그/그녀는 이 시기에 있을 때 가정 안에서 하는 일에 대한 폭넓은 지지와 격려를 받지 못하고 무관심 상태에 놓여있거나 지적을 많이 받은 상처를 안고 있을 가능성이 크다.

### 5) 제5단계(사춘기와 청년기 12/3-20세):
### 자아정체성 대 역할 혼동(Ego identity vs Role confusion)

이 시기를 탈위성화 시대(De-satellitization)라고 한다. 마치 태양 주위를 공전하는 위성이 그 궤도를 벗어나는 것처럼, 이 시기의 청소년들은 부모로부터 탈출화려고 한다. 다시 말해, 부모로부터 받은 정체성에서 탈피하여 새로운 정체성을 추구한다. 사춘기에 이르면 지금까지 지녀온 모든 동일성(sameness), 연속성(continuity)이 다시금 문제되는데, 그것은 갑작스런 육체적 성숙 때문이다.

이 시기에 동일성과 연속성에 대한 새로운 감각을 추구한다. 지속적인 우상과 이상을 최종적인 정체성의 안내자로 삼는다. 이 시기 필요한 것은 친밀하고 따뜻한 대화이다. 자녀들은 자기 부모가 그들에게 바치는 시간과 그 질의 정도에 따라 자신이 부모에게 그만큼 소중한 존재라고 느낀다.[29] 부모가 자기를 존중하는 것을 알 때, 그리고 자신의 가장 깊은 곳에서 자기가 존중받고 있음을 느낄 때 자신을 소중한 존재로 느낀다.

그들의 정체감은 새롭고도 급격한 육체적 성장과 지금껏 경험하지 못한 성감과 성의 잠재력의 출현 때문에 혼란될 수 있다. 사회는 성 행위와 상관없는 직업적 헌신의 문제를 부과한다. 그리하여 정체성 혼란에 사로잡힌 젊은이들은 의미 있는 목표를 향한 결단과 움직임을 할 수 없을 뿐만 아니라 충동과 야심에 좌우될 수 있다.

이 단계의 청소년들 역시 세상에 내보일 그들 자신의 얼굴, 곧 페르조나(persona)를 창조해낸다. 그러나 페르조나에 집착하는 것이 문제다. 그들의 페르조나에 기준이 되는 것은 또래 친구들의 승인과 거부이다.

크리스챤임에도 불구하고 확고부동한 정체성을 갖지 못하고 늘 방황하며, 한편으로는 자기를 과감하게 노출하지 못하고, 자신이 하는 일에 긍지를 갖지 못하며 대인관계에 어려움을 느끼는 자가 있다면, 이는 이 시기에 많은 상처를 받았음을 시사한다. 이들 역시 분석과 치료를 받아야 할 대상이다.

---

29) M 스콧 펙. p. 27

### 6) 제6단계(성인초기 20-40세):

### 친밀감 대 고립(Intimacy vs Isolation)

젊은이들은 자신의 정체성을 다른 사람의 정체성과 융해시키려 한다. 자신을 구체적인 관계(Affiliation)와 동반자로 헌신하고 그러한 헌신을 지킴으로써 윤리적 힘을 발전시킨다. 이 단계의 위험은 친밀을 위한 접촉 회피이다.

이 단계의 주요 과제는 참여와 소외, 즉 약혼, 결혼 성적인 결합과 같은 것들이다. 친밀감은 확고한 자아 정체성, 즉 자신이 누구이며 자신이 무엇을 원하며 타인과의 관계에서 자신의 정체성을 성공적으로 발달시키기 위해서는 어떻게 해야 하는지를 아는 것으로부터 출발한다.[30]

친밀감에 대한 능력은 발달 초기에 이미 잠재적으로 이루어진다. 즉 생에 대한 기본적인 신뢰, 홀로 설 수 있는 능력, 스스로 결단할 수 있는 능력, 하나님의 부름에 응답할 수 있는 능력 속에 이미 친밀감에 대한 능력이 잠재되어 있으며 이로써 그는 다른 사람과의 관계에 있어서도 자신을 기꺼이 하나님께 바칠 수 있다. 친밀감에 대한 능력을 확립하지 못하면 헌신하는 것을 두려워하거나 거부한다. 헌신하는 능력이 없으면 인간관계를 제대로 가질 수 없다

정체성이 혼란된 사람들은 친숙이라는 경험 없이도 성관계에 들어갈 수 있다. 에릭슨이 말하는 친숙이란, 성 뿐만 아니라 서로의 본성을 깊이 만족시켜주는 밀접한 정서적 사회적 관계까지도 포함하는 개인 관계이다.(친숙을 위한 하나의 기본조건은 먼저 한 사람이 참된 자기

---

30) 보웬. p. 87.

자신( true and authentic Self)이 되는 것이다.

고립은 거부하고 따로 떨어져 혼자 있으려는 태도, 그리고 필요하면 자기 자신에게 위험스럽게 보이는 힘과 사람들을 파괴하려는 태도이다. 고립의 원인은 가정의 압력, 부모와의 관계갈등. 근심. 가족의 통일성에대한 실망, 가정과 사회적 관심사에 대한 부정적인 생각일 수 있다.

이 시기는 친구나 이성 등의 타인과의 관계에서 우정, 사랑, 성적 친밀성이 과제이다. 이 시기의 자아정체감은 다른 사람과 연합하는 능력이다. 친밀감은 성공적인 결혼의 필수 요소이다. 친밀한 관계(상호헌신)를 맺지 못하면 사회적 공허감이나 소외감을 느끼게 된다.

만일 그 또는 그녀가 크리스챤이라도 관계 장애가 있다면, 그것은 앞에서 말한 것들이 상처의 원인일 수 있다. 즉 가정의 압력과 엄한 아버지, 부모와의 관계갈등, 가족의 통일성에 대한 실망, 가정과 사회적 관심사에 대한 부정적인 생각 등으로 인한 상처가 원인일 수 있다.

## 7) 제7단계(성인 중기 40-60세):
### 생산성 대 정체 (Generativity vs Stagnation)

생산성이란 자기 세대를 잇는 후세대를 키우고 지도하는 후세대에 대한 배려를 뜻한다. 침체에 빠지면 타인에 대한 관심이 결여되고, 타인에 대한 관심보다는 자신에 더 몰두하는 경향을 보인다. 침체는 심리적 성장의 결여이다.

생산성은 근면 대 열등의식의 위기(네 번째 발달단계)로부터 획득된 능력에 기초한다.  생산성에 대한 긍정적 인식은 성령을 통한 새로운

창조세계에 대한 인식을 강화해준다.[31] 생산성에 대한 지배적인 동기
와 방향은 돌봄의 영성으로 나타난다.  즉 인간, 삶, 예술, 역사, 제도
와 같은 개인적이고 사회적인 모든 창조에 이러한 영성이 중요한 요소
가 된다.

### 8) 제8단계(노인기)

**자아통합 대 절망(Ego Integrity vs. despair & disgust)**

자아 통합(Ego Identity)의 결핍은 죽음에 대한 공포에 의해 특징된
다. 통합은 개인이 기쁨과 슬픔과 성공과 실패로 점철된 자신의 삶을
진정으로 용납하고 받아들일 줄 아는 것과 관련되어 있다

에릭 에릭슨은 인간 의식과 행동을 보다 깊이 심층적으로 이해하는
길을 터놓았다. 비록 문제투성이인 성인 아이에 대해서는 언급하지 않
을지라도 그는 각 단계의 위기에서 받은 상처가 한 인간의 심층과 행
동 그리고 모든 관계에 부정적인 영향을 끼칠 수 있다는 사실을 암시
했다. 개인적인 삶의 차원에서 드러내는 온갖 병리적 증상들을 위시하
여 교회라는 거룩하고 신비한 공동체 내에서 벌어지는 갈등, 분열, 다
툼, 경쟁 등등의 증상들은 한 개인의 역사—상처 속에 성장한 한 개인
의 역사와 밀접한 관련이 있다.

어떤 면에서 교회라는 공동체는—모든 관계의 장(場)이 그렇지만—교
회를 구성하는 모든 신자 개인의 삶의 이력 혹은 내면의 역사를 외면
화하는 장(場)이라고도 말할 수 있다. 그리고 드러난 내면의 상처와 그
림자를 치유하므로 관계를 세우기도 하고, 아니면 상처와 그림자를 부

---

31) 보웬. P. 89

인하고 더욱 억압하므로 공동체를 더욱 어둡게 만들 수 있다. 요약하면, 분석과 치유가 참으로 필요하다. 분석과 치유는 결코 신앙의 차원을 부인하지도 그것과 대립하지도 않는다.

이쯤에서 우리의 인간이해에 도움을 받기 위해서 이제 토마스 키딩의 프레임을 살펴보는 것도 도움이 되리라 생각한다.

## 5. 토마스 키딩의 프레임

### 1) 파충류적 의식의 단계

첫 1년은 파충류적 의식의 단계로서 물질과 쾌락 감각에 완전히 빠져있는 생활을 한다. 어머니와 하나인 경험을 하며 모체 자궁에서 즐기던 삶의 연속이다. 만일 유아가 어머니와 연대를 올바르게 갖게 되면 유아는 인간의 모험을 정서적으로 받아들이는 길에 들어선다. 이 단계의 이슈는 안전이다.

어머니와의 연대가 제대로 이루어지지 않았다면, 이후 삶은 어떻게 될까? 이는 에릭슨이 제시한 유아기의 기본 신뢰를 상실한 상처가 낳은 영향과 결과를 이후에 초래하지 않을까?

### 2) 타이폰적 의식의 단계

타이폰적 의식(typhonic consciousness)은 인간이 주변 환경에 있는 다른 대상들로부터 자신을 구분할 수 있게 하는 것이다. 이는 신체 자아적 의식으로서 아직은 생존의 본능과 음식 섭취와 재생산(종족보존)

을 우선으로 하는 의식이다. 이 의식은 2세에서 4세 아동에게서 나타난다. 이 단계의 이슈는 애정, 존중과 권력, 통제다.

이 단계에서 애정, 존중을 받지 못하고 적절한 통제를 받지 못한 상처받은 아이는 이후 삶에서 결코 자신을 수용하고, 사랑하고, 자기를 존중하지 못할 것이 자명하다. 또한 적절한 통제를 받지 못하고 자란, 과도한 사랑을 받은 아이 역시 병리적인 자아상과 병리적인 관계로 말미암아 고통당할 것이다.

### 3) 신화적 회원의식

이 의식은 농업 기술이 만들어지면서 예술, 사색, 의식(儀式), 그리고 정치를 할 여가 시간이 생겨나면서 이루어진 과정이다. 도시국가 형태로 계층화가 진행되어 땅과 소유물을 획득하는 과정이 생겨났고, 전쟁에 의한 방어와 확장의 투쟁이 생겨났다. 이 신화적 회원 의식의 수준에서 공동체와의 동일시는 소속감, 적으로부터의 보호, 출산을 통한 생명의 연장이라는 감각을 갖게 했다. 4세에서 8세 사이에 아동은 사회화와 신화적 회원 수준의 의식에 접하는 기간으로 들어간다. 여기서 소유, 경쟁, 성공, 집단소속, 구조적 사회의 가치관을 내면화하는 일들을 매일 겪는다. 소속 집단에 과잉으로 동일시하는 현상은 신화적 회원 의식의 주된 특징이다.

에릭슨에 의하면, 도구세계(tool world)에 들어간 아동에게 있어서 작업성취와 협동은 주요 이슈였다. 작업성취는 성공감, 협동은 소속감을 창조하는 데 중요한 역할을 한다고 말한 바 있다. 한 개인의 신화는 가족 신화(family myth)에 뿌리를 내리고 있지만, 사회 역시 개인의 신화

형성과 발달에 기여한다고 보아야 할 것이다. 개인의 건전한 신화에 반하는 불건전한 신화는 앞서 말한 것들의 실패, 즉 상처에 기인한다.

### 4) 정신 자아적(mental egoic) 의식 단계

이 의식은 8세 이후에 얻어진다. 자아의식으로 말미암아 하나님과의 격리감, 다른 사람들과 우주와의 격리감을 갖는다. 정신자아적 의식은 자기중심적인 본능의 욕구와 이성으로 판단하는 시기 이전에 가졌던 본능들인 선-이성적 본능(prerational instinct)들을 만족시키는 수준을 초월하여 온전한 인격체로 나아가는 움직임이다.

우리는 하나님과 다른 사람들, 그리고 우주와 하나라는 느낌을 갖지 못한다. 불완전함과 두려움을 느끼기 때문에 우리의 연약한 정체성을 부추겨 세우기 위해 안정과 애정, 힘에 대한 상징을 찾으려 든다.

안정과 애정, 힘에 대한 상징을 찾지 못한 사람에게서 나타나는 병리적인 증상은 무엇일까? 두말할 나위 없이 그것은 불안, 낮은 존중감, 권위에 대한 부인일 것이다. 에릭슨의 제4단계(학동기)에서 발생한 열등감은 이 모든 것과 연계된다. 하나님을 믿는 신앙을 갖고 있음에도 불안감에서 자유와 해방을 누리지 못하는 크리스챤, 그리스도 안에서 하나님의 자녀라는 이미지를 마음껏 누리지 못하는 자아감이 연약한 크리스챤, 신빙성 있는 권위(Authentic authrity)와의 연대를 경험하지 못해 항상 타인과 갈등관계 속에 파묻혀 생존하는 크리스챤이 의외로 많음을 볼 수 있다.

"세 살 버릇 여든까지 간다"는 말은 무엇을 시사하는가? 한 인간의 성격과운명은 이미 부모, 특히 어머니와의 관계에서 결정된다는 뜻이 아닐까? 신앙 연륜이 오랜 크리스챤들 가운데 자신의 문제로 고민하고 갈등하는 자들, 순기능 가정(functional family)을 세우지 못하고 오히려 역기능 가정(dysfunctional family)을 양상하는 자신 때문에 괴로워하는 자들이 의외로 많다.

지금까지 내면의 상처가–역기능적으로 진화된 정신과 왜곡된 영성을 포함하여– 인간에게 어떻게 영향을 끼치는가?를 알아보기 위해 로버트 무어를 위시하여 에쉬브록, 에릭슨, 그리고 토마스 키딩을 고찰해보았다.

그런데 우리가 내면의 상처(포괄적인 상처)를 다룰 때, 부득불 사람을 변화시키는 말씀과 성령의 능력이라는 이슈에 대한 논의를 다루지 않을 수 없게 된다. 한 크리스챤의 내면의 상처와 병리적인 증상은 그 또는 그녀 안에서 역사하시는 말씀과 성령의 능력과 어떤 관계를 갖는가? 하는 문제이다. 이 문제에 대해 논의하기 전에 크리스챤의 영적 성장과 성숙을 위한 영성 형성(spiritual Formation)에 대해 논의하는 것이 필요하다.

# 제4장. 그리스도교 영성과 영성 형성

예수 그리스도는 우리의 순례를 이끄시는
순례 지도자(프로드로모스 prodromos)이시다.

-신약성경 히브리서-

# 제4장
# 그리스도교 영성과 영성 형성

중생한 이후 보존의 은총을 누리면서 성화의 과정 속에 있는 신자는 영적 성장과 영적 성숙의 순례과정(spiritual pilgrimage)을 밟는다. 그 과정을 영성형성(spiritual formation)이라고 할 수 있고, 영성 형성은 그리스도교 영성(Christian Spirituality) [1]의 내용을 형성한다.

그리스도인이 된다는 것은 단순히 하나님의 은혜로 죄와 사망에서 구원받는 것만을 의미하지 않는다. 그리스도인이 된다는 것은 그리스도에 의해 새로이 형성되고 변화되는 것, 즉 그리스도를 닮는 것(Imitaio Christi)[2]이다. 다른 한 편, 그리스도교 영성은 하나님 형상으로서의 참 나(true Self)를 찾는 여행이라고도 할 수 있다.

한편, 그리스도교 영성은 하나님 나라를 지향한다. 그러므로 그리스도 안에서 변화되는 과정 안에 있는 신자는 신앙 안에서 그리스도의 몸인 순례 백성과 연대하여 신앙 안에서 상호 격려하며(mutual upholding 롬.14:19) 나아가 이웃 사랑과 정의, 평화를 구현하는 데 헌신한다. 이와 같은 간략한 스케취를 토대로 그리스도교 영성 형성에

---

1) 영성이란 말은 5–6세기에 출현했다. 영성을 크게 시대적으로 말할 때 초대교회는 순교적 묵시적 영성, 중세는 수도원적 영성, 그리고 개신교는 말씀의 영성이다.
2) 골.2:6, 빌.3:15(teleios). 엡.4:23(새 성품)

수반되는 요인들을 간략히 살펴보도록 하자

## 1. 거짓 죄의식의 처리

거듭난 그리스도인의 영적 성장과 성숙의 순례 과정에 가장 치명적인 장애는 바로 거짓 죄책감이다. 거짓 죄의식은 하나님이 우리 마음에 심어주시지 않았음에도 우리가 느끼는 죄의식이다. 거짓 죄책감이란 말은 헬라어 프세우도스(pseudos)에서 왔는데, 이는 진실이 아니라 "거짓"이란 뜻이다

> 우리를 조종하는 것이 거짓 죄책감이라는 것을 알면서도 계속해서 조종당한다면 그것은 죄가 된다. 거짓 죄책감에 이끌리면 설사 일부러 그런 것이 아니라도 우리는 성령을 따르지 않고 육과 사탄을 따르게 된다.[3]

거짓 죄의식은 최대의 적 마귀에게서 온 것이다. 하나님이 우리를 용서하셨음을 알고서도 죄책감을 느낀다면 그 죄책감은 거짓 죄책감이다.[4] 거짓 죄책감을 극복하는 가장 좋은 방법은 심리요법을 지속하는 것이 아니라, 다른 사람이나 자기 자신이 아닌 하나님이 기뻐하시는 일을 중요하게 여기는 것이다.[5] 거짓 죄의식을 인식한 후에도 그것을 거부하지 않고 그것이 당신을 낙담시키도록 놔둔다면 그것은 죄

---

3) 존 샌포드. 「융심리학과 치유」 심상영역(서울(한국심층심리연구소, 2010), p. 275.
4) Ibid., ,p. 101.
5) Ibid.

다.[6]

우리는 거듭났지만 육신적으로 연약함을 여전히 가진 존재다. 그러
므로 육신의 연약함(infirmity) 때문에 의식적 무의식적으로 죄를 범할
수 있는 존재다. 그래서 그리스도는 영원하신 대제사장으로서 단번에
우리의 모든 죄를 담당하신 것이다. 영원하신 대제사장 예수는 우리가
지은 과거의 죄, 현재의 죄, 그리고 미래의 죄까지도 담당하셨다. 그
러므로 누구든지 자기의 죄를 자백하면 주님은 그 죄를 사하시고 모든
불의에서 우리를 깨끗케 하신다.[7] 하지만 죄를 자백하고 버리고 예수
그리스도의 피를 믿고 의지하면서도 여전히 불안감을 갖거나 죄책에
눌린다면, 이는 거짓 죄책감일 가능성이 많다.

다른 한편, 스스로 세운 높은 종교적 이상이나 표준에 미달하지 못
하는 자신의 한계 때문에 만성적인 죄책감(chronical guilt)을 갖는 경우
도 있다. 또 자신이 세운 목표에 미달할 경우도 만성적인 죄책감을 가
질 수 있다. 이런 것들 때문에 스스로를 심판하고 벌주는 경우도 있다.
예를 들면, 금식도 믿음으로 하나님을 섬기는 것이기보다는 스스로에
게 벌을 줌으로써 죄책감을 달래려는 행동일 수 있다. 그 외에 다른 종
교적 행위들도 같은 카테고리에 들 수 있다.

우리는 안전한 혹은 안정된 삶을 바라고 추구한다. 그런데 안전한
삶은 온전한 삶이 아니며, 우리는 실수를 포함할 때 온전한 삶을 살 수
있다. 우리는 실수와 잘못을 통해 배울 수 있을 뿐만 아니라 실수와 잘
못 그 자체는 우리의 신비한 전체(mystical totality)의 일부가 되기도 한

---

6) Ibid., , p. 103.
7) 요한일서 1:9

다. 우리 인생은 우리의 성공은 물론이고 우리의 실수를 통해서도 형성된다.[8] 인생의 밝은 면과 어두운 면, 평안과 고통 모두가 우리의 삶의 일부이듯이, 우리가 저지르는 원치 않는 실수도 우리의 신비한 전체를 구성하는 일부가 되므로 죄책감에 짓눌려 있을 필요가 없다. 그렇다고 해서 무작정 실패를 합리화하자는 것은 아니다.

청교도 신학자 토마스 브룩스(Thomas Brooks)는, 사탄은 그 계략 중 하나인 절망을 조장하여 그들의 구원자(하나님)보다 자신의 죄에 대해 더욱 생각나게 한다[9] 라고 지적했다. 그러므로 영성 형성에 있어서 우리가 해야 할 가장 우선적인 일은 거짓 죄의식을 처리하는 것이다.

## 2. 자기용서

예수는 무한히 용서하라고 말씀하셨다.[10] 그런데 가족이든 이웃이든 우리에게 어떤 형태로든 상처와 해(害)를 준 사람을 용서하기는 그리 쉬운 일이 아니다. 그러나 이보다 더 하기 어려운 일은 자기를 용서하는 일이다. 수많은 크리스챤들이 자기를 용서하지 못하고 자기를 비하하고 정죄하여 그로 인한 각종 정신적인 병이나 마음의 병, 더 나아가 그로 말미암는 심각한 육체의 질병까지도 앓고 있는 경우가 허다하다. 용서하지 못한 데서 오는 병인 것이다. 우리는 용서하면서 살아야 한다.

---

8) 존 샌포드. 「융심리학과 치유」 심상영역(서울: 한국심층심리연구소, 2010), p. 205.
9) 마크 맥민, p. 329
10) 마태복음18:21-22.

그런데 용서라고 하면 다른 사람을 용서하는 것만으로 생각하는 경우가 있다. 용서에 있어서 다른 사람을 용서하는 것만으로는 완전한 용서라 할 수 없다. A. T 캔달은 우리에게 상처를 준 사람들뿐만 아니라 우리 자신을 용서하지 않는다면  완전한 용서라고 할 수 없다고 말한다.[11]

그는 완전한 용서에 대해 말한다:

완전한 용서는 우리가 과거에 지은 모든 죄와 실패에 대한 하나님의 용서를 전적으로 받아들여, 하나님이 그러셨듯이 우리도 과거에 묶여있던 사슬을 끊어버리는 것이다… 하나님이 나를 용서하셨으므로 내가 다른 사람을 용서해야 한다면 나 자신도 용서해야 한다. 자신의 과거에 대해 스스로 정죄하고 자신을 용서하기를 거부하는 것은 하나님의 용서를 누리는 자들에게 주어지는 놀라운 특권을 버리는 것과 같다.[12]

그는 계속하여 말한다:

자신을 용서하는 문제는 우리가 선택할 수 있는 사항이 아니라 하늘에 계신 아버지의 자녀로서 우리가 마땅히 하나님께 순종해야 하는 사항이다.[13] 자신을 완전히 용서한다는 것은 곤경에서 벗어날 뿐 아니라 모든 처벌에서 자유로와진다는 뜻이다. 우리 자신을 있

---

11) R.T 캔달. 「자기용서」심신애 역(서울: 죠이선교회, 2009), p. 26
12) Ibid.,. p.32-33.
13) Ibid., .p.34.

는 모습 그대로 받아들이며 과거에 한 일을 되돌아보지 않는 것이다.[14]

그리스도 안에서 무조건 우리를 용서하시고  우리의 있는 모습 그대로 받아들여주신 하나님의 용서와 용납을 무가치한 것으로 폐기하는 것, 즉 자신을 용서하지 않는 것은 어떤 불순종의 죄와 마찬가지로 하나님께 심각한 죄를 짓는 행위다.  이에 관한 캔달의 말을 더 들어보자.

자기 자신을 용서하지 않는 것은 하나님께 죄를 짓는 것이다.[15] 자기를 용서하지 않는 것은 잘못된 자기애를 표현하는 방식이다. 자기애는 개인적인 욕망과 관심사에 사로잡힌 것을 뜻한다. 자기를 사랑하는 것은 하나님이 계획하신 대로 자신을 존중하는 것이다. 하나님은 죄의식에서 자유로운 사람, 완전히 용서받은 사람을 쓰시기를 원하신다.[16]

그리고 마이크 윌커슨(Mike Wilkerson)은 그의 저서 『고통받는 삶은 어떻게 구원을 얻는가?』(Redemption: Freed by Jesus from the Idols We Worship)에서 자기를 용서하지 못하는 영적 심리적 메카니즘에 대해 말한다.

---

14) Ibid., , p.44.
15) Ibid., p. 48.
16) Ibid., p. 65.

자기를 용서하지 못하는 사람의 경우, 첫째, 자기 자신을 하나님보다 더 재판관으로 여기며, 마치 하나님이 하부 법원에서 나의 죄에 대해 내린 판결을 대법원에서 번복하는 듯 행동하는 것이다. 둘째, 하나님을 의지하는 대신 의인이라는 우상에 여전히 의존하는 마음이 있음을 뜻한다. 하나님이 나를 용서하신 것을 알지만, 내 자신을 용서하지 못하겠다는 것은 하나님의 용서를 승인하지 못하겠다는 교만이다. 셋째, 자신의 죄를 다루는 이가 하나님이 아닌 자신이라는 신념 때문이다. 넷째, 하나님 앞에 솔직히 고백하지 않았기 때문에 용서받지 못한다고 느낄 수 있다. 다섯째, 사람들이 내게 진 죄의 빚은 모두 탕감되었지만, 나 자신에게 저지른 죄의 빚은 해결되지 않았다고 느낀다. 자기를 용서하는 최종 결정자가 자신이란 생각이다.[17]

용서는 상처를 입힌 자를 용서하는 것만이 아니라 어떤 형태로든 상처 입은, 그리고 자신이 저지른 죄와 실수와 허물 때문에 상처 입은 (상처를 준) 자기 자신을 하나님의 용서의 빛 아래서 용서(forgiveness)하고 자신을 용납(acceptance)할 때에만 완전한 용서가 되는 것이다. 그리고 완전히 용서된 자, 호리(毫釐)라도 남김없이 갚은 자만이 예수께서 말씀하신 자유인이 될 수 있다.[18]

---

17) 마이크 윌크슨. 『고통받는 삶은 어떻게 구원을 얻는가?』 주지현 역(서울: 좋은 씨앗, 2012), pp. 115-117.
18) 마태복음5:26. "진실로 네게 이르노니 호리라도 다 갚기 전에는 결코 거기서 나오지 못하리라"

## 3. 명상

명상(meditation)은 거룩한 책읽기(Lectio Divina)에 뒤따르는 과정이다.

라즈니쉬는 명상과 기도의 관계에 대해 말한다:

> 명상 다음에 기도가 있게 하라. 먼저 명상하라. 명상은 그대의 심장을 준비시키고 그대를 정화해줄 것이다. 명상은 그대의 사념들로부터 그대를 씻어줄 것이다. 명상은 그 동안 그대의 머릿속에 데리고 다녔던 쓰레기들을 멀리 던져줄 것이다. 그렇게 해서 명상은 그대 안에 기도가 일어날 수 있는 공간을 마련해 줄 것이다.[19]

그에 의하면, 명상 없이 기도가 행해질 수 없다. 명상 없는 기도는 하나님과 대화(dialogue)라기보다는 독백(monologue)이다. 실로 명상이 없는 기도는 무의미하다.

라즈니쉬는 말한다:

> 기도는 신 쪽에서 먼저하는 대화이다. "너는 어디에 있느냐? 어디에 숨어 있느냐?" 그대여, 기도가 필요치 않다. 신의 음성을 들을 수 있는 침묵의 마음만이 필요하다. 신이 그대를 부르고 있다. 절대적인 받아들임이 되어라. 그것이 명상의 전부이다. 참된 기도는 신

---

19) B.S 라즈니쉬. 「신비주의자의 노래」 류시화 역(서울 유성구도서관:1978), p. 59.

이 그대에게 말하는 것이다. 그대가 신에게 하는 것은 참된 기도가 아니다. 텅 비게 하라. 그대 존재를 텅 비게 하라. 텅 비었다는 이 인식이 바로 기도다.[20]

## 4. 침묵

시리아의 수도승 요한(John the Solitary)은 "하나님은 침묵이다. 그리스도는 침묵에서 나온 말씀이다"라고 했다. 그에 의하면 하나님의 신비한 활동과 존재의 깊이에 들어가려면 침묵훈련을 해야 한다. 침묵은 하나님 대해 우리 자신을 개방하는 것이고, 이 개방에서 함께 하시는 하나님을 체험하는 기쁨을 얻는 것이다.[21]

침묵하는 마음은 가지고 다닐 수 있는 예배 장소라는 뜻이다.[22] 토마스 머튼(Thomas Merton)은 "복음의 말씀을 듣는 귀는 어떤 내적인 고독과 침묵 속에 잠기지 않으면 가질 수 없다"[23]라고 했다.

션 던은 다윗을 진정한 영성적 삶을 추구한 모델로 삼으면서 다윗이 성숙한 이유는 하나님의 임재 속에 있는 삶에 대한 그의 소원에 있었음을 지적한다. 실상 다윗의 삶 전체는 고독 속에 핀 진정한 예배의 삶이다.

안디옥의 이그나시우스는 침묵은 완전한 영적 성장(엡1:5)을 위한 길

---

20) 라즈니쉬. 61

21) 방성규. 「모래와 함께 살던 사람들의 이야기」(서울: 이레서원, 2002), p. 103.

22) Kenneth Leech, *Spirituality and Pastoral Care*(Cambridge, MA: Cowelery Publication, 1989), p. 18.

23) 토마스 머튼. 「고독 속의 명상」 장은영 역(서울: 성바오르출판사, 1993). p. 6.

이라고 말했다. 만일 우리가 성경을 침묵과 고투의 태도로 읽는다면 말씀은 우리 안의 망상, 거짓, 그리고 문화와 우리 자신의 우상숭배를 파쇄하며, 우리를 변화시키고 말씀이 우리 자신의 일부가 되게 한다.

그런데 침묵과 관련하여 4세기 이후 동방 기독교에서, 특히 수도적 공동체에서 가르치고 실천해 온 내면 기도는 헤시케이즘(hesychasm)[24]이다. 그리고 헤시카스트(hesychast)는 고요함 속에서 생활하는 사람, 특히 독거생활을 하면서 예수기도(Jesus prayer)를 바치며 마음의 평온을 유지하고 사람이었다.

예수의 제자들이나 우리 또한 독거(solitude)나 정온(silence)보다는 일과 분주함에 파묻히기 일쑤다. 독거 혹은 고독, 그리고 정온의 침묵 속에서 하나님을 독대하는 내면을 가꾸는 일, 즉 성숙보다, 외면으로 드러나는 일과 성취에 더 가치와 무게를 두기 때문이다.

예수의 제자들이 이러한 증후를 갖고 있었던 것 같다. 제자들이 예수께 질문했다: "우리가 어떻게 하여야 하나님의 일들(works:복수)을 하오리까?"[25] 제자들의 관심은 하나님과의 관계보다 일들과 그 일을 위한 방법에 있었다. 하지만 예수는 "하나님의 보내신 자를 믿는 것이 하나님의 일(work, 단수)"이라고 대답하셨다. 예수의 말씀의 요지는 일 혹은 사역보다 관계가  더 우선적이며 중요하다는 것이다.  예수와의 진정한 관계없이 하는 모든 일들은 결국 자기 개인의 일들이며, 그 일들은 결국 자기확대나 자기만족의 방편에 불과한 것이다.

---

24) 요한 클리마쿠스. 「거룩한 등정의 사다리」최대형 역(서울: 은성, 2006,), p. 21.
25) 요 6:28-29.

"태초에 말씀이 계시니라. 이 말씀이 하나님과 함께 계셨으니 이 말씀은 곧 하나님이시라" (요.1:1) 어떤 성경사본에는 "태초에 침묵이 있었다" 는 사본이 있다. 그러므로 "침묵을 사랑하는 사람은 하나님께 가까이 가며"[26] 하나님과 대면하는 길이다. 요한 클리마쿠스는 말한다:

침묵은 그 자체가 제의적인 성격을 지니고 있다. 침묵의 영성이 제의적 침묵(ritual silence)이라는 특성을 갖는다는 것은 이 침묵이 바로 하나님과 직접적인 대면을 하게 하는 가장 큰 통로이기 때문이다. 우리는 침묵 속에서 하나님을 만난다. 침묵에 제의적 특성이 있는 이유는 침묵한다는 것은 하나님 앞에서 가장 철저한 자기헌신과 비움, 자기포기를 의미하기 때문이다. 그렇기 때문에 침묵은 가장 진실한 예배요 기도다.[27]

함석헌 옹은 침묵의 성례전적인 은총을 경험하기 위해 우리는 자신의 골방을 만들어야 한다고 주장한다. 골방은 하나님과 홀로 대면할 수 있는 시간과 공간을 의미하기 때문이다. '그대는 골방을 가졌는가?'라는 글에서 그는 노래한다:

그대는 골방을 가졌는가?
이 세상의소리가 들리지 않는
이 세상의 냄새가 들어오지 않는

---

26) 요한 클리마쿠스. p. 150.
27) Ibid., p.114.

은밀한 골방을 그대는 가졌는가?


님이 좋아하시는 골방

깊은 산도 아니요 거친 들도 아닌

지붕 밑도 지하실도 아니요

오직 그대 맘 은밀한 속에 있네

그대 맘의 네 문 밀밀히 닫고

세상 소리와 냄새 다 끊어버린 후

맑은 등잔 하나 가만히 밝혀만 놓으면

극진하신 님의 꿀 같은 속삭임을 들을 수 있네[28]


김 진 역시 침묵을 성례전적으로 해석한다:


홀로 있는 시간에 침묵으로 하나님을 만나는 침묵의 영성은 나의 성례전적인 사건이다. 왜냐하면 이 침묵을 통해 하나님과 그리스도의 침묵이 내가 알아들을 수 있는 하나님의 섭리와 그리스도의 뜻으로 전이되고 성육화 되는 시간이기 때문이다. 그래서 성례전적 침묵은 계시를 이끌어내는 침묵이요 동시에 계시를 깨닫게 하는 침묵이다. 성령은 우리의 침묵과 하나님의 침묵을 연결시키는 '침묵의 통로'가 된다.[29]

---

28) Ibid., p.119.
29) bid., p.117

침묵은 하나님께 가까이 가는 길일뿐만 아니라, 자기를 발견하는 길이요 영혼 정화의 시작이며 자기 비움(kenosis)의 삶이다.[30]

한 농부가 고독하게 살고 있는 수도승을 방문했다. 그 농부는 수도승에게 물었다: "당신은 침묵의 삶에서 무엇을 배웁니까?" 마침 그때 그 수도승은 우물에서 물을 긷고 있었다. 그가 농부에게 말했다: "우물 속에 무엇이 보입니까?" "아무 것도 보이지 않는데요?" 그러자 수도승은 우물물이 잠잠해지기를 기다렸다가 다시 물었다: "무엇이 보입니까?" "지금은 내가 보입니다." 수도승이 말했다: "내가 물바가지를 내려 물을 퍼 올릴 때는 우물물이 출렁거렸지요. 지금은 물이 잠잠하여 맑지요. 이것이 바로 침묵의 경험입니다. 침묵 속에서 사람은 쉽게 자신을 보고 알 수 있지요."

## 5. 묵상

청교도 토마스 후커(1586–1647)는 묵상에 대해 정의했다:

묵상이란 마음으로부터 나오는 진지한 의도이다. 묵상을 함으로써 진리를 발견하게 되며, 진리를 효과적으로 마음에 정주(定住)시킬 수 있게 된다.[31]

묵상은 내면 깊은 곳에서 하나님과 만나 연합하는 기도(관상기도

---

30) 김진. 「침묵의 영성」(서울: 엔크리스토, 2003), p. 31.
31) 박영호. 「청교도 신앙」(서울: 기독교문서선교회, 1983), p. 96  Miller and Johnson. The Puritans(New York: Harper Torchboioks, 1963), p. 297재인용

contemplative prayer)의 과정에서 이루어지는 한 과정이기도 하지만, 묵상 자체는 기도의 한 형식이라고 말할 수 있다. 침묵 안에서 하는 묵상기도는  사실 우리의 지성(知性)을 근거로 하여 소리 내어 하는 발설기도(verbal prayer 혹은 ejaculatory  prayer) 보다 더 능력 있는 기도다. "새벽을 모르는 크리스챤은 하나님의 능력을 모르는 자다"라는 말처럼, 묵상을 모르는 (혹은 실천하지 않는) 크리스챤은 하나님, 그리고 하나님의 말씀의 오묘함과 능력을 모르는 자라고 말해도 과언이 아니다.

실상, 묵상은 침묵과 나란히 걷는 동무다. 시편 기자가 시편 1편에서 말하는 바와 같이 하나님 임재를 사모하여 하나님 임재 안에서 침묵하는 자는 먼저는 하나님, 말씀을 읽은 후(렉시오 디비나. Lectio Divina) 암송한 말씀을 깊이 묵상(Meditatio)한다.  묵상하는 크리스챤은 마치 시냇가에 심은 나무처럼, 항상 잎이 청청하고(vitality of life) 열매를 맺는다(fruitful life).

## 6. 기도

그리스도인의 영성 형성에 기도의 중요성은 아무리 강조해도 지나치지 않다. 기도하지 않는 것은 하나님 없이도 살 수 있다는 교만이요 자력(自力)으로 살려는 고집(Willfulness)이요 개인숭배(self-worship)다.

그리스도교 영성은 근본적으로 하나님을 공경하고 그분께 경청하는 것이다.[32] 개인뿐만 아니라 하나님을 공경하는 성도들의 공동체는 하나님께 경배(예배)를 드리는 것을 최우선으로 삼는데, 경청하는 기도는 영성 형성에서 핵심적인 것이다.[33] 기도는 필요한 것을 하나님으로부터 받아내는 수단이 결코 아니다. 기도는 하나님 앞에서 아무런 권리가 되지 못하며 하나님을 불러내는 주문도 될 수 없다.[34]

기도는 본질적으로 하나님의 음성에 귀를 기울이는 영혼의 활동이다. 본질적으로 기도는 우리의 뜻을 관철하려고 하나님을 설득하는 것이 아니라 우리 자신을 하나님께 드리는 헌신이다. 그런 면에서 기도를 "봉헌"[35]이라고 정의한 아프라하트(Aphrahast)는 기도의 핵심을 드러낸다.

또한 기도는 크리스마스 트리 위에 걸어놓은 어떤 장식처럼 사람들이 구경하게 하는 경건한 장식품이 아니다.[36] 간혹 우리는 하나님께 기도드리는 것보다 사람들을 의식해서 혹은 사람들에게 과시하려고 기도할 때가 있다.  본 회퍼는 말한다:

올바른 기도는 일종의 공로가 아니고, 일종의 훈련도 아니며, 일종의 경건한 자세도 아니다. 그것은 아버지의 마음을 향한 어린아이의 호소다. 그러므로 기도는 하나님 앞에서, 자기 자신 앞에서, 다른 사람들 앞에서 과시하는 행위가 아니다. 기도하는 자는 자기

---

32) Ibid., ,p. 41.

33) Ibid., , p. 56.

34) 디트리히 본 회퍼. 「디트리히 본 회퍼 묵상 52」이신건 역(서울: 신앙과 지성사, 2011), p.191.

35) 방성규. 208

36) 드아드르 라누에. 「헨리 나우웬과 영성」유해룡 역(서울: 예영, 2004), p. 123.

자신을 알지 못하고 오직 자신을 부르시는 하나님만을 안다.[37]

　이와 같이 기도의 본질을 그 누구보다 명쾌하게 밝히는 본 회퍼는 한 걸음 더 나아가 기도의 치명적 오류 혹은 기도에 따르는 위험을 지적한다:

　　나는 내 자신을 나의 기도의 관찰자로 만들거나, 자신 앞에서 기도할 수도 있다. 내가 추구하는 공개적인 기도의 본질은 바로 내가 기도하는 사람임과 동시에 기도를 듣는 사람이 된다는 사실에 있다. 나는 내 자신의 기도에 귀를 기울인다. 나는 내 자신의 기도에 응답한다.[38]

　기도가 독백(Monologue)이 아니라 대화(Dialogue)라고 한다면, 먼저 우리는 기도드릴 때 잠잠히 하나님을 기다리는 데 시간을 드려야 한다. 그렇다고 해서 기도에 대한 전통적인 이해처럼 지성을 사용하여 인간의 언어로써 하나님께 아뢰는 간구[39]를 무시하거나 소홀히 여기는 것이 아니다. 먼저 다른 사람의 말에 귀를 기울이는 공감적 청취(emphatic listening)가 다른 사람을 섬기는 참된 영성의 한 표지라고 한다면, 하물며 존귀하신 하나님의 면전에 나아간 우리가 하나님의 음성에 귀를 기울이지 않고 우리 자신의 말만 떠들고(?) 나온다면, 이는 하나님과 우리 사이에 이루어지는 인격적인 대화(personal dialogue)라고

---

37) 본 회퍼. p. 191.
38) Ibid., 193.
39) 김남준. 「개혁신학과 관상기도」(서울: 열린교회출판부, 2011), p. 13.

볼 수 없다.

캘립 밀러는 말한다:

> 끊임없이 혼자서 중얼거리는 기도는 당사자에게는 거대한 입만
> 키우고 하나님께는 작은 귀만 만들어드린다…간구하는 기도의 약
> 점은 말을 자제하지 못하는 데에 있다. 말을 자제하지 못하는 사람
> 은 하나님의 보좌에 나올 때 자신의 생각에만 골똘해서 하나님이
> 정말로 무엇을 말씀하고 싶어하시는지 귀 기울이지 않는다.[40]

그렇다고 해서 기도의 한 요소인 간구를 경시할 수는 없다. 그러나
간구를 하더라도, 후에는 잠잠히 침묵하는 가운데 하나님의 음성을 듣
는 시간이 있어야 온전한 기도라 할 수 있다. 요한 클리마쿠스는, 침묵
은 하나님의 첫째 언어이며, 침묵을 사랑하는 사람이 하나님께 가까이
간다고 말한다.[41] 카시앙은, "만일 사람이 자기를 의식하고 또 자신이
기도하고 있다는 것을 인식하면, 그런 기도는 완벽한 기도가 아니다"[42]
고 말한다. 기도의 끝에는 언어는 사라지고 흠숭, 감탄, 감사 속에서
침묵이 찾아온다.[43]

우리는 진정한 기도 안에 머물 수 있어야 한다. 그리고 진정한 기도
안에 머물 수 있는 힘은 성령의 선물이다. 성령이 우리에게 기도를 가
르치시지 않는다면 우리는 하나님께 기도할 수 없다. 개인의 필요와

---

40) 캘빈 밀러, 177.

41) Ibid., p. 150

42) Ibid., p. 265.

43) 서인석(편). 「성서와 영성수련」(서울: 성바오로출판사, 1992), p. 34.

공동체의 중보를 위해 사랑과 경건 속에서 기도를 가능케 하시는 분은 바로 성령 하나님이시다.[44]

다른 한편, 우리는 올바른 기도를 해야 하지만 쉬지 않고 기도해야 한다. 성경은 우리에게 쉬지 말고 기도하라고 말씀 한다.[45] 이 말씀에 대한 여러 가지 해석들이 있지만, 헨리 나우웬은 쉬지 말고 기도하는 것은 하나님의 현존 가운데서 생각하고 사는 것을 의미한다고 말한다. 그것은 삶의 작은 부분까지도 하나님께 모두 드리는 것을 의미한다. 그것은 실상 우상숭배와 끊임없이 싸우는 것이다.

또한 쉬지 않는 기도는 예수기도(Jesus prayer)이다. 항시 어디서나 무시간적으로 드리는 예수기도(Jesus prayer)는 쉬지 않는 기도로서 우리의 영혼을 주님의 은혜의 보좌로 우리를 이끌어간다.

예수 기도의 전형은 "주 예수여, 죄인인 나를 불쌍히(긍휼히) 여기소서"(Lord Jesus, have mercy on me, sinner)인데, 누가복음에 등장하는 세리(눅18:13)와 소경 바디메오(눅18:38)의 기도다.


## 7. 홀로 있음


그리스도인의 영성 형성에 극히 중요한 한 요소는 홀로 있음(solitude)이다. 홀로 있음은 외로움(loneness)과는 다르다. 크리스챤의 성숙은 홀로 있는 시간과 비례한다고도 할 수 있을 만큼 이는 영성 형성에 중요한 한 요소다.

---

44) 정승훈, 「종교개혁과 칼빈의 영성」(서울:대한기독교서회, 2001), p. 17
45) 살전5:17, "쉬지말고 기도하라"

크리스챤이 영적으로 각성하고 성숙하려면 이 홀로있음 혹은 고독이란 객관성의 장소를 찾아야 한다. 왜냐하면 영적 각성과 성숙은 하나님과의 고독한 만남에서 이루어지기 때문이다. 공생애를 사시는 동안, 예수님은 이 홀로 있는 객관성의 자리를 늘 찾으셨다.

홀로 있음은 광야에 머무름과도 같다. 홀로 있는 광야(미드바르)에 머무를 때 하나님의 말씀(다바르)이 귀에 들려오기 때문에, 홀로 있는 광야를 모르는 크리스챤은 하나님의 말씀을 듣지도 알지도 못한다. 설령 안다고 해도 매우 피상적이다. 특히 말씀 사역자들의 사역은 너무 피상적이라서, 하나님의 말씀이 아닌 자기 지식을 하나님의 말씀으로 포장하거나 변질시켜 전달할 때가 많다. 홀로 있는 광야를 모르는 자는, 그가 누구이든 그는 하나님의 깊이 있는 말씀을 알지도 전하지도 못한다.

신구약을 막론하여 선지자들은 모두 다 광야에서 하나님의 음성(말씀)을 듣고, 사명을 받고, 사명을 새롭게 했다. 그건 예수도 마찬가지다. 예수의 삶에서 가장 중요한 순간은 심오한 개인적 각성의 체험이었고, 이어서 그는 고독, 즉 신비주의자들의 "자기 지식의 방"으로 들어갔다.[46] 이 신비한 자기 지식의 방은 다름 아닌 광야, 즉 홀로 있는 곳이었다.

홀로 있는 광야는 하나님의 깊이 있는 말씀을 듣는 것 말고도 어떤 유익을 줄까? 홀로 있음은 우리를 새롭게 갱신하는 혹은 갱신을 받는 용광로이다. 홀로 있는 광야는 우리가 자신들의 거짓되고 강박적인 자아(false and compulsive ego)로부터  예수 그리스도라는 새로운 자기

---

46) 이블린 언더힐. p. 28.

(new Self)로 전환되게 하는 용광로이다. 하나님과 더불어 홀로 있음의 용광로 속에서만이 자신의 거짓된 자아에 직면하게 되고 진정한 자아를 감지할 수 있다. 홀로 있음의 가장 큰 선물은 "새로운 정체성"이다.[47]

비단 광야는 문자대로의 광야만 일컫는 것이 아니다. 마음의 광야도 광야다. 홀로 있음은 절대적으로 장소와 관계되기보다는 지성과 마음의 상태도 말하며, 늘 유지될 수 있는 홀로 있음은 마음의 홀로 있음이다.[48]

고독 속에서의 침묵과 관련하여 션 던(Sean Dunn)은 말한다:

홀로 있는 시간은 하나님이 우리를 세우시고 하나님의 사람으로 만들어가기 위한 수단이다…당신이 갖는 고독의 시간은 사람들 앞에서 당신이 어떤 사람이 될 것인지와 직접적인 관련이 있다. 홀로 있을 때 마음을 쏟은 일들이 공개적인 자리에 있을 때 당신의 삶을 지배할 날이 있을 것이다. 아무도 모르게 한 일들이 사람들의 눈에 드러나는 날이 올 것이다.[49]

션 던은 홀로 있음으로써 영적으로 성숙된 사람인 다윗을 모델로 제시한다. 다윗이 성숙하게 된 이유는 홀로 하나님의 임재 속에 머무는 삶에 있었다. 그의 삶 전부는 고독(홀로 있음) 속에 핀 예배의 삶이

---

47) 드아드르 나누에. 182.
48) 드아드르 라누에. 141.
49) 션 던. 「첫 걸음부토 주님과 함께」전형주 역(서울: 세복, 2011), p. 19-20..

었다.

우리는 고독을 싫어하고 사람과 일과 어떤 놀이에 매어달리는 경향이 농후하다. 이런 사람을 고든 맥도날드(Gorden MacDonald)는 "쫓겨 다니는 사람들"(driven people)[50]이라고 말한다. 무엇에 쫓긴다는 것은 추구하는 무엇을 앞에 세워두고 있다는 말이기도 한데, 결국 그런 사람들이 목표한 황금 새장은 자신에게 해로운 덫이 될 것이라고 그는 지적한다.

## 8. 초연

집착(attachment) 혹은 애착과 반대되는 초연 혹은 초탈은 문자 그대로 "~으로부터 떨어짐"이다.

인간은 모태에서 태어날 때부터 두 손을 꼬옥 쥐고 출생한다. 마치 뭔가를 놓치 않으려는 듯, 혹은 무엇을 소유하려는 듯, 꽉 쥔 채로 출생하는 아이의 손 안에는 소유와 명예와 권력 등에 대한 강한 집착이 들어있다. 전 생애를 걸친 한 인간의 생존전략은 이 집착의 프레임을 벗어날 수 없다. 성 이삭은 이 집착 프레임을 탐심으로 규정한다. 그에 의하면, 금이나 은을 소유하는 데에만 탐심이 존재하지 않는다. 우리의 생각이 무엇인가에 애착하는 곳에는 항상 탐심이 존재한다.

집착과 초연은 에리히 프롬이 그의 서서 『소유냐 존재냐』(To Have or to Be)에서 논의한 소유지향적인 인간과 존재지향적인 인간과도 밀

---

50) 고든 맥도날드. 「내면세계의 성장과 영적 성장」홍화옥 역(서울: 한국기독교학생회출판부, 2002), p. 35.

접한 연관을 갖는다. 대다수의 인간은 소유지향적인 삶을 산다. 그렇게 하는 까닭은 소유를 그/그녀의 존재의 근거로 삼기 때문이다. 그런 삶을 사는 인간에게 삶의 이슈는 '얼마나 더 소유하느냐?'다. 그러나 존재지향적인 삶을 추구하는 사람에게는 삶의 이슈는 '어떤 존재가 되느냐?' 혹은 '무엇을 위해 혹은 어떤 가치를 위해 살아가느냐?'이다. 전자에게는 생명 그 자체보다 소유가 더 소중하다 후자의 경우는 생명과 삶의 가치가 더 소중하다.

초연은 비움과 깊은 관련이 있다. 비움(케노시스. Kenpsis)의 영성은 예수 그리스도의 영성임을 이미 앞에서 언급한 바 있다. 그리스도는 하늘의 영광의 자리를 비우시고 낮고 천한 인간의 형체, 곧 종의 형체를 입고 세상에 오셨고, 십자가에까지 내려가셨다.

기독교 영성은 예수의 케노시스의 영성이다. 밀러는, 그리스도의 케노시스에 초점을 맞춘 사람들은 일부러 어떤 것을 포기할 필요가 없다고 말한다. 그리스도와 함께 연합하려는 열망이 자연스럽게 포기해야 할 것을 포기하도록 만들기 때문이다.[51]

하나님께서 아담을 창조하실 때 아담이 두 손을 꼬옥 쥐었다는 표현을 성경에서 찾아볼 수 없다. 에덴에서는 그럴 필요가 없었을 것이다. 하지만 타락과 실낙원 이후, 아담을 비롯한 모든 인간은 자신의 제한된 자원을 늘리기 위해 소유에 집착(attachment)하게 되었다. 소유를 위해서는 수단 방법을 가리지 않는다. 그런데 소유하면 할수록 인간은 더 많은 것을 소유하기를 원하며 그에 걸맞는 전략을 구사한다.

모든 사람은 태어날 때 마치 무엇인가를 놓지 않으려는 몸짓인 듯,

---

51) 캘빈 밀러, p.45.

혹은 무언가를 소유하려는 몸짓인 듯, 고사리 같은 양손을 꼬옥 쥐고 태어난다. 일평생을 소유에 집착하며 숨가쁘게 아등바등하며 살아가다가, 이윽고 황혼의 땅거미가 드리울 때는 양손을 펼치면서 마지막 가냘픈 숨을 내쉰다. 그야말로 인간은 빈손으로 왔다가 빈손으로 돌아가는 허무한 존재다.

그리스도 찬송시[52]에서 바울은 그리스도의 비움(kenosis)과 겸손(humility)을 말한다:

너희 안에 이 마음을 품으라

곧 그리스도 예수의 마음이니

그는 근본 하나님의 본체시나

하나님과 동등됨을 취할 것으로 여기지 아니하시고

오히려 자기를 비어 종의 형체를 가져

사람들과 같이 되었고

사람의 모양으로 나타나셨으매

자기를 낮추시고 죽기까지 복종하셨으니

곧 십자가에 죽으심이라

이러므로 하나님이 그를 지극히 높여

모든 이름 위에 뛰어난 이름을 주사

하늘에 있는 자들과 땅에 있는 자들과 땅 아래 있는 자들로

모든 무릎을 예수의 이름에 꿇게 하시고

---

52) 이 찬송시(빌.2:5-11)는 팔레스틴 초대교회가 예배시에 부른 찬송시에 바울의 십자가의 신학이 첨가되어 현제의 형태로 완성되었다고 한다.

모든 입으로 예수 그리스도를 주라 시인하여
하나님 아버지께 영광을 돌리게 하셨느니라.


  예수 그리스도는 십자가에서 온 인류를 대신하여 죽는 죽음의 의미까지도 포기하셨다.[53] 빅터 프랭클(Viktor E. Frankl)은 그의 저서 *Man's Search for Meaning*에서 인간은 의미를 추구하는 존재이며, 어떤 삶의 상황에서도 일단 의미만 찾으면 존재할 수 있다고 말한다.[54] 그런데 예수께는 고통의 의미마저 갖는 것이 허용되지 않았다. 그래서 그분은 십자가에서 "엘리 엘리 라마사박다니" 하고 부르짖은 것이다. 버림받은 것은 대속 죽음의 의미마저 빼앗긴 것이다.

  그리스도의 비움(emptiness)은 초연(detachment)과 본질상 하나다.

  우리의 영혼은 무엇에 매달리려는 습성에 물들어있다. 비단 거듭났다 해도, 육신과 세상과 마귀의 유혹은 집요해서 우리는 사도 요한이 말한 것들-육신의 정욕(하고 싶은 것), 안목의 정욕(갖고 싶은 것), 그리고 이생의 자랑(되고 싶은 것)-과 세상에서 부질없는 것들에 집착(attachment)한다. 우리의 집착 혹은 애착 근성을 토마스 무어가 지적한다:


  영혼은 미래보다는 과거의 사람, 장소와 사건들에 달라붙는 성향이 있어서 좀처럼 앞으로 나아가려 하지 않는다. 외면적인 삶에서는 사람과 장소를 떠날 수 있을지는 모르지만, 기억이나 꿈에서는

---

53) Paul Hessert, *In Liew of Meaning*(Chicago: SCM Press, 1933), p. 49.
54) Viktor E. Frankl, Man's Search for Meaning(NY, London, Wahsington Square Press, 1984), p. 57. 여기서 그는 사랑, 고통, 책임 세 가지가 주로 의미를 부여하는 커테고리임을 말한다.

앞에서 말한 것들에 꼭 매달린다.[55]

초연에 관한 한, 우리는 사도 바울의 초연을 빼놓을 수 없다. 사도 바울은 예수 그리스도를 얻은 뒤 모든 것을 내버렸다. 즉 모든 집착 혹은 애착에서 자유로웠다. 그는, "내가 그리스도를 얻기 위하여 모든 것을 잃어버리고 배설물로 여기노라"고 고백했다.[56]

초연은 비단 외부적인 것들로부터의 떨어짐만을 의미하지 않는다. 초연은 내면적인 것들도 포함한다. 수도사들이 광야로 간 목적은 자신들의 많음에서 해방되기 위함이었다. 곧 "커다란 탐욕"과 "미숙한 탐닉" 모두에서 해방되기를 원했기 때문이다.

비단 이뿐이랴? 초연은 자신으로부터의 자유도 포함한다. 롯은 삼촌 아브라함을 따라 애굽을 다녀온 후, 애굽으로부터 탈출(exodus)하지 못했다. 그는 애굽에 집착한 나머지 멸망 받을 죄악의 도성 소돔과 고모라를 선택한 것을 우리는 잘 알고 있다. 그는 애굽에서 나왔지만, 애굽은 그로부터 나오지 못했다. 그 이전의 이스라엘 백성 또한 마찬가지다. 그들은 애굽에서 엑소더스 했지만 애굽은 그들에게서 엑소더스 하지 못했다.

이스라엘이 출애굽 후 금송아지를 만들어 숭배한 사건은 이스라엘 백성의 애굽 집착, 더 정확히 말하여 애굽에서 섬기던 황소 우상에 대한 뿌리깊은 집착과 연관되어 있다.[57] 하나님을 형상화하여 만든 황금 송아지 우상은 그들의 마음속에 있던 것이 밖으로 외면화되었을 뿐이

---

55) Thomas Moore, *Soul Mates*(NY: HarperCollins Pub., 1994), p. 4.
56) 빌.3:8.
57) 여호수아 24:14.

다. 그런데 비단 이런 일들은 그들에게만 있는 현상이 아니라 오늘 우리에게도 얼마든지 일어날 수 있는 상황이다. 만일 하나님에 대한 개념이 잘못되었다면 종교적 세계에 깊이 빠져들수록 우리 자신은 물론 다른 사람들까지도 위험에 빠뜨린다.[58]

이스라엘의 영성은 집착의 영성이었다. 그들은 애굽에서 섬기던 황금 송아지를 비롯하여, 그들의 육체적 욕망과 쾌락을 상승시켜주던 음식들-고기, 부추, 파, 마늘 등-에 집착하고 있었다.

초연을 말할 때, 우리는 예수 그리스도를 말하지 않을 수 없다.

예수 그리스도는 어떤 삶을 사셨나? 예수 그리스도는 하나님과 동등하신 분이시지만 자기를 비우셔서 영광의 보좌를 떠나 종의 형체를 입으시고 낮은 세상으로 오셨다. 수잔 에니트 무토(Susan Annete Muto)는 예수 그리스도의 삶이 준 가장 설득력 있는 점으로 스스로를 숨기심과 초연 혹은 비움, 그리고 하늘 아버지에 대한 철저한 굴복 세 가지를 들었다.[59]

예수뿐만 아니라 믿음의 조상 아브라함은 초연의 삶을 산 신앙의 모델이다. 그는 하나님의 말씀을 따라 본토, 친척, 아비 집을 떠났다. 『인간 장소의 심리학』에서 폴 투니어(Paul Tutnier)는 "사람이 삶의 뿌리를 떠나는 것은 거의 죽는 일이나 다름 없다고 말한다.[60] 아브라함은 모든 것을 내려놓고 오로지 하나님을 말씀을 의지하여 자신을 불확실한 삶의 궤도 위에 올려놓았다. 자신의 존재에 있어서 단 하나 희망

---

58) 데니스 킨로. 『그리스도의 마음』 홍성철 역(서울: 세복, 2000), p. 33.

59) Susan Annete Muto. *Pathways of Spiritual Living*(Petersdham, MA: St. Bedes Publication, 1984), p. 29.

60) 홀 투니어. 『인간 장소의 심리학』 보이스사 편집부 역(서울: 보이스사, 1983), p. 52.

의 별빛인 아들 이삭까지도 기꺼이 순종의 제단 위에 올려놓지 않았던 가! 만일 하나님이 이삭을 제물로 받아들였다면, 그에게는 별이 없는 캄캄한 밤하늘만 있을 뿐인데도, 초연의 사람 아브라함은 자신의 손에 큰 도살용 칼과 불을 들고 아들에게는 나무를 지우고 초연의 산정을 오르고 있다. 이와 반대로 롯과 롯의 아내는 집착의 삶을 살다가 자신들을 위시하여 모든 것을 잃은 비극의 주인공들이 되었다.아브라함은 초연한 신앙 순례자의 모델이다. 바울의 영성 또한 그렇다: "내가 그리스도를 얻기 위하여 모든 것을 잃어버리고 배설물로 여기노라"[61]

## 9. 청빈

우리는 '청빈'하면 가난을 먼저 떠올리는 경향이 있다. 하지만 청빈은 가난과 다르다. 청빈은 현실생활에 만족하며 감사하는 태도, 그리고 물질적으로 넉넉함에도 가난하게 사는 태도와 정신을 의미한다. 소유지향적인 삶을 지향하는 것보다 존재지향적인 삶을 사는 것을 의미한다.

청빈은 여기서 끝나는 것이 아니다. 청빈의 삶은 나누는 삶이다. 서인석은 말한다:

예수가 우리에게 권고하는 청빈정신은 자기가 받은 선물들 그 자체에 대해 자유로운 마음을 갖는 태도이며, 또 이웃사랑의 필요에

---

61) 빌.3:8.

언제나 자기 것을 내어줄 수 있는 그런 마음의 자세이다.[62]

## 10. 겸손

초대 그리스도교 찬송시[63](빌.2:5-11)에 의하면 그리스도 예수는 근본 하나님과 동등하신 분이시지만, 동등됨을 취하지 않으시고 자기를 비워(kenosis) 종의 형체로 오셨고, 자신을 더 낮추셔서 십자가까지 내려가셨다. 이 찬송시 서두에서 "너희 안에 이 마음을 품으라. 곧 그리스도 예수의 마음이니" 하셨다. 예수는 "나는 온유하고 겸손하니 나를 배우라"고 말씀하셨다(마.12:28-30). 그러므로 영적순례 길에 나선 그리스도인 순례자들이 그리스도로부터 본받아야 할 첫째 덕목은 겸손이다.

겸손(humility)은 그리스도를 닮는 길이요, 거룩함에 이르는 길이요, 모든 덕의 바탕이다. 그러므로 우리 모두는 그리스도를 닮고자 하는 거룩한 열망(pia desideria)을 지닐 필요가 있다. 그리고 그 열망의 핵심은 겸손과 온유다.

우리가 필요로 하는 구원은 실로 겸손이다. 왜냐하면 오직 겸손을 통해서만 우리는 하나님과 바른 관계를 회복할 수 있기 때문이다.[64] 십자가에 못 박힌 사람의 첫 번째 특징은 절대적인 겸손이다.[65]

---

62) 서인석. 성서와 영성수련. p. 277.
63) 팔레스틴 교회의 고백에 바울이 자신의 '십자가 신학'을 첨가하여 현재의 형태가 되었다고 한다.
64) 엔드류 머레이. p. 97
65) Ibid., p. 126

## 11. 순종

하나님은 우리를 순종하는 자녀로 부르셨다. 야고보[66]가 말한 바와 같이, 만일 믿음이 있노라 하면서 순종의 열매가 없다면 그 믿음은 죽은 믿음이다. 믿음의 조상 아브라함은 아들을 바치라는 하나님의 명령에 순종함으로써 의롭다함을 받았다. 핵심적인 구원을 다루는 로마서 1장과 마지막 16장에서도 하나님이 우리에게 구원의 은혜를 주신 목적은 믿음의 조상 아브라함의 후손인 우리가 "믿어 순종케"하시려는 것임을 분명히 하고 있다.[67] 순종은 우리의 의지의 매장지며 겸손의 부활이다.[68]

요한 클리마쿠스는 말한다:

수은을 완전한 순종의 모범으로 삼으십시오. 수은은 어떤 물질과 함께 굴려도 가장 낮은 곳으로 굴러갈 것이며 전혀 더러운 것과 섞이지 않을 것입니다.[69]

## 12. 섬김

『예수는 어떤 공동체를 원하셨는가?』에서 로핑크(Rofink)는 교회라는 대조사회(Contrastgeselshaft) 안에서 섬기는 자가 진정으로 힘 있는

---

66) 약.2:26
67) 롬.1:5, 16:26
68) 요한 클리마쿠스. p. 58.
69) Ibid., p. 87.

자라고 했다.[70]

수잔 아네트 무토는 힘 없음의 힘(powerless power)이 진정한 힘이라고 말했다.[71] 킨로(Dennis Kinlaw)는 말했다:

> 우리들 대부분은 다른 사람들을 대할 때 나귀의 방식보다는 말의 방식을 좋아한다. 말은 세상의 영광을 상징한다. 우리는 말을 타고 호령하면서 추앙받기를 원한다. 그러나 예수님은 영광을 받으러 오시지 않았다. 그분은 섬김을 받기 위해서가 아니라 섬기기 위해 오셨다. 그래서 그분은 나귀를 타신 것이다.[72]

## 13. 온유

그리스도인의 믿음생활의 목표는 예수의 겸손과 온유를 체득하는 것이다. 그분은 "나는 마음이 온유하고 겸손하니 와서 나의 멍에를 메고 나를 배우라"[73]고 말씀하셨다. 즉 예수는 멍에친교(Yoke fellowship)에 우리를 초대하신 것이다. 예수를 배우면 배울수록, 그분을 알면 알수록 우리의 마음은 온유해지고 겸손해진다. 만일 그렇지 않다면, 우리는 그릇된 신앙의 길에 들어섰거나 신앙이란 명목의 자기도취의 길에 들어선 것이다.

온유에 해당하는 헬라어 프라오테스는 친절, 동정심, 온화하고 부드

---

70) 로핑크. 『예수는 어떤 공동체를 원하셨는가?』 정한교 역(서울: 분도출판사, 1985), p. 87.
71) Susan Annete Muto. p. 30.
72) 데니스 킨로. 『그리스도의 마음』 홍성철 역(서울: 세복, 2000), p. 51.
73) 마.11:29.

러움, 유순함 등의 뜻이다. 칼빈은, 온유한 사람이란 부드러운 태도로 살고, 다른 사람의 모함에 쉽게 노하지 않고, 보복하지 않으며, 자기에 대한 악의를 참는 사람이라고 했다.

주님은 온유한 사람들의 마음에서 쉼을 발견하신다. 반면에 모진 영은 마귀의 거처이다.[74]

## 14. 음식 절제

모름지기 식욕은 인간의 기본 욕구이다. 실로 음식은 인생에 즐거움을 준다. 하지만 절제 없는 과식이나 폭식은 몸만 헤칠 뿐만 아니라 우리의 영혼까지 녹슬게 하며 위험에 빠뜨린다. 천국 순례, 곧 내면의 천국을 찾는 길에 장애물이 되는 것 중의 하나가 바로 탐식이다.

"탐식의 길은 넓고 음란으로 연결되며 그 길로 가는 사람이 많다. 금식으로 들어가는 문은 좁고 그 길은 험하며 순결한 삶으로 연결되지만 그리로 가는 사람은 더물다"(마.7:13-14)

요한 클리마쿠스는 우리가 식탐의 노예가 되지 않고 영적인 자유인으로 사는 길을 제시하는 바 그것은 금식이다. 그는 말한다:

금식은 나쁜 생각들을 근절하며 악한 생각에서 우리를 해방시켜 준다 금식은 깨끗한 기도, 조명된 영혼, 방심하지 않는 정신, 소경

---

74) 요한 클리마쿠스. p. 230.

됨으로부터 구원등을 강화해 준다. 금식은 양심의 가책, 겸손한 탄식, 수다의 종식, 죄사함, 낙원으로 들어가는 입구다.[75]

성산의 성 니코디모스는 말한다:

배불리 먹었을 때에는 마귀의 지배, 눈에 보이지 않는 악한 세력들을 대적하여 견고히 설 수 없습니다. 왜냐하면, 하나님의 나라는 먹는 것과 마시는 것이 아니요(롬.14:17), 육신의 생각은 하나님과 원수가 되나니 이는 하나님의 법에 굴복하지 아니할 뿐 아니라 할 수도 없기 때문입니다.(롬.8:7) [76]

## 15. 분노를 다스림

「거룩한 등정의 사다리」의 저자 요한 클리마쿠스[77]는 성령의 역사하심에 가장 큰 방해거리로 분노를 들고 있다.[78] 분노는 영적 무기력으로 인도한다. 우리 안에 성령이 거하시는 것을 방해하는 가장 큰 장애물은 분노다.[79]

---

75) 요한 클리마쿠스. p. 168
76) 성산의 성. 니코디모스, 고린도의 성 마카리오스 공저. 「필로칼리아」 엄성옥 역(서울: 은성, 2007), p. 17.
77) 요한 클리마쿠스John Climacus(579-649)는 모세의 산(제벨 무사), 즉 시내산 기슭에 있는 수도원에서 40년 간 은수자 생활을 했고, 말년에 이 수도원의 원장으로 섬겼다. 정교회 전통에서 그가 쓴 책은 성경을 제외하고 제일 많이 애독되어 왔다. 서방교회 전통에 「천로역정」이 있다면 동방 정교회 전통에는 이 책이 있다.
78) 요한 클리마쿠스. 「거룩한 등정의 사다리」최대형역 (서울: 은성, 2006), p. 19
79) 요한 클리마쿠스. p. 135.

마귀들은 우리의 생각을 통해서 우리를 공격하며 우리에 대한 노여움이 가득함으로, 우리는 오직 마귀들에게만 분노해야 한다.[80]

## 16. 고난에서의 승리

성경 로마서 5장은 그리스도 안에 있는 자들의 고난에 대해 말씀한다. 그리스도 안에서 하나님의 사랑받는 신자들에게도 고난과 환난은 피해갈 수 없는 실재(reality)로 언급하고 있다. 그렇다면 하나님은 왜 우리에게 고난을 허용하시는 것이며 우리는 그것을 어떻게 받아들여야 할까? 그리고 고난과 영성형성은 어떤 관계일까? 아무래도 여기에 대해서는 좀 더 많은 지면이 할애되어야 할 것 같다.

하나님을 모르는 부자 다이브스는 호의호식하며 연락(宴樂)으로 세월을 보내는데, 왜 하나님을 알고 하나님의 사랑을 받는 믿음의 사람 나사로는 고난과 가난 속에 내팽겨져 있는가? 가난과 고통은 하나님의 호의를 얻지 못하거나 버림받은 표지인가? 아니면 죄에 대한 형벌인가?

그런데 이러한 질문보다 더 궁극적인 질문의 여지가 있다. 그것은 고난은 하나님의 무능과 관계있는 것인가? 하는 것이다. 이에 대해 루이스(C.S. Lewis)는 그의 저서 「고통의 문제」The Problem of Pain에서 말했다:

인간의 고난을 하나님의 무능에 대한 증거로 생각하는 것은 하나

---

80) 「필로칼리아」엄성옥 역(서울: 은성, 2007), p.26.

님의 선과 사랑이 요구하는 것을 잘못 인식하고 있기 때문이다. 진정한 행복은 고난과 분리할 수 없다는 사실을 인식해야 한다. 하나님의 선은 그의 자녀들에게 고난과 인생의 고통을 면하여 주려는 욕망에 있지 않고, 우리에 대한 섭리적인 관심에 있다.[81]

벤자민 프랭클린은 "고통을 주는 것이 곧 교훈을 주는 것이다"라고 했다.[82] 인간은 문제와 그에 수반되는 고통을 회피하려고 한다. 그런데 문제와 그에 따르는 정신적인 고통을 피하려는 경향이 모든 정신 질환의 주된 원인이다.[83] 칼 융은 "모든 신경증은 정당한 고통을 회피한 대가다"라고 말했다. 문제를 대면하는 데 따르는 정당한 고통을 회피할 때, 우리는 그 문제를 통해 우리가 이룰 수 있는 성장도 회피하게 된다.[84]

일단 고난은 우리가 이해할 수 없는 하나님의 섭리가 담긴 신비라고 정의한 다음, 구체적인 고난의 문제와 하나님의 사랑과 구원의 은총에 대해 논의하되 몇 가지 물음을 전개하면서 논의하도록 하자.

### [물음1] 고난을 위한 인생인가? 인생을 위한 고난인가?

예견치 않은 고난은 일순간에 욥의 행복을 사정없이 짓밟았다. 고난은 욥의 자녀와 재산을 하나도 남김없이 강탈해 갔고, 그 어떤 경우에라도 함께하며 위로하며 버팀목이 되어주어야 할 아내마저 무정하게

---

81) 휴 홉킨스. 「고난의 비밀」 홍성철 역(서울: 생명의 말씀사. 1972), p. 15.
82) M . 스콧트 팩. p. 18.
83) Ibid., p. 19
84) Ibid.

등을 돌리게 만들었다. 평소 친밀한 우정을 나누었던 친구들마저 의심과 회의(懷疑)의 날카로운 시각으로 욥의 과거를 죄와 결부시켜 해석하며 정죄(定罪)의 매를 사정없이 가하게 만들었다. 그나마 욥의 몸뚱아리는 어느 한 곳 성한 데 없이 고름투성이였고, 욥은 기왓장으로 몸을 사정없이 긁어야 했다.

그러나 이런 예기치 않았던 고난에서 오는 고통보다 더 고통스러운 것은 욥에게 하나님이 전혀 보이지 않는 것이었다.

> 그런데 내가 앞으로 가도 그가 아니 계시고 뒤로 가도 보이지 아니하며 그가 왼편에서 일하시나 내가 만날 수 없고 그가 오른편으로 돌이키시나 뵈올 수 없구나(욥. 23:8-9).

고난이 주는 고통이 아무리 클지라도 그 배후에 하나님이 서계시면, 그 하나님을 눈으로 볼 수만 있다면, 그 사실 하나만으로도 위로를 삼거나 고난을 능히 감당할 힘이 될 것이다. 그런데 지금 욥의 상황은 전혀 그렇지 못하다. 하나님이 보이지 않는 고난은 고난 그 자체보다 더 큰 고난이다.

고난은 인간 실존의 한 가운데에 버티고 있다[85]는 말은 부인할 수 없는 진리이다. 실상 고난은 죽음보다 더 무서운 인류의 지배자이다.[86] "나는 생각한다. 고로 나는 존재한다"(Cogito ergo sum)는 데카르트의 말은, "나는 고통한다. 고로 나는 존재한다"(Doleo ergo sum)라는 말로

---

85) 손봉호. 「고통 받는 인간」(서울: 서울대학교 출판부, 1988), p. 3.
86) Ibid. p. 43. Time magazine, 1984, 6, 11일자 27쪽 재인용.

대치될 수 있지 않을까? 그런 면에서 "인생은 고난을 위해 태어난다"는 욥의 친구 엘리바스의 논지는 설득력을 얻을 것 같다. "고난은 살아 있음에 대한 대가 지불이다"(Pain is the price we pay for being alive)라고 말한 혹자의 논평도 엘리바스의 논지와 일맥상통하는 것 같다.

그러나 과연 그럴까?

고난을 위한 출생, 고난을 위한 삶, 고난 속의 죽음… 이렇듯 인간은 아예 고난을 위한 존재(human being for suffering)이며, 인간에게 고난은 피할 수 없는 숙명일까? 눈에 보이는 현실만을 가지고 인생을 논하는 데는 한계가 있지 않을까? 왜냐하면 현실 너머 눈에 보이지 않는 더 중요한 정신적 영적 실재와 세계가 엄연히 존재하기 때문이다.

어떻든 고난은 실존적으로 대부분의 사람들에게, 아니 거의 모든 사람들에게 감당하기 힘든 무거운 짐이며 위협적인 실재임이 틀림없다. 그러므로 고난을 숙명적으로 받아들이는 이들, 고난 앞에서 체념하는 이들, 고난을 회피하거나 부인(否認)함으로써 정신적·영적으로 성숙할 기회를 잃어버리는 이들, 그리고 믿음을 갖고 고난을 직면하고 수용하여 그 속에서 보화를 캐내는 다양한 이들이 있는 것이다.

그런데 고난과 고통에 대한 그리스도교적인 답변은 고난의 수용이다. 믿음의 사람들은 고난을 직면하고 받아들임으로써 영적, 정신적, 육체적인 열매를 맺는다.[87] 융은 사람이 고통의 의미를 찾는다면 고통에 대한 수용은 더욱 넓어지는 반면에 고통의 의미를 찾지 못하는 사

---

87) Paul Tournier, *The Healing of Persons*, trans.(NY, Evanston, London: harper & Row Publisher, 1965), p. 143.

람은 쉽게 낙심한다고 지적했다. 그는 정신 신경증은 궁극적으로 고통의 의미를 발견하지 못한 영혼의 고통으로 이해되어야 한다[88]라고 말했다.

그렇다면 고난이 주는 의미는 무엇인가?

직면한 고난에서 의미를 찾음으로써 우리에게 새로운 삶의 차원과 지평을 열어준 대표적인 인물이 있다. 죽음의 강제 수용소 아우슈비츠(Auschuwitz)에서 생존한 스위스 정신의학자 빅터 프랭클(Vicktor Frankl)[89]은, 인간은 삶의 의미가 무엇인가라는 질문을 던지는 자가 아니라 반대로 질문을 당하는 자라고 주장했다.[90] 그는 그의 저서 *Man's Will to Meaning*에서, "인생에서 무엇을 기대할 것인가에서 인생이 우리에게서 무엇을 기대하는가?"로 우리가 질문을 바꾸어야 함을 강조한다. 인생에서 무엇을 기대하는 자세나 태도를 가질 경우 고난에 대해 수동적이거나 고난으로 생을 비관할 수 있는 반면, 인생이 나에게서 무엇을 기대하는가에 관점을 맞추면 고난을 직면하며 대처해 나갈 뿐만 아니라 창조적이며 책임 있는 삶이 가능하다는 것이다.[91] 그는

---

88) 로렌스 W 자피. 「마음을 해방하기」 심상영 역(서울: 한국심층심리연구소, 2010), p. 108.

89) 빅터 프랭클은 죽음의 수용소 아우슈비츠에서 인간으로서는 형언할 수 없는 가혹한 시련과 고통을 받았다. 아버지, 어머니, 형제 그리고 아내 모두가 대학살로 죽음을 당했다. 그는 "쉐마 이스라엘"(Shema Yisrael), 곧 "네 마음을 다하고 힘을 다하고 뜻을 다하여 주 네 하나님을 사랑하라"는 명령을 "고통이나 심지어 죽음 앞에서라도 삶을 긍정하라"는 명령으로 받아들였다. 그에게 있어서 살아있다는 것은 고통이다. 그러나 고통 속에서 의미를 찾는 것이 곧 살아있는 것이다. 두에인 슐츠. 「성장 심리학」 이혜성 역(서울: 이화여자대학 출판부, 1996), p. 166.

90) 빅터 프랭클. 「무의식의 신」 정태현 역(서울: 분도출판사, 1979), p. 25.

91) 빅터 프랭클 박사의 로고데라피(Logotheraphy) 개념에서 가져온, "나의 사랑하는 미국 시민이여, 국가가 당신들을 위해 무엇을 해 줄 것인가를 묻지 말고, 당신들이 국가를 위해 무엇을

그의 다른 저서 「극한 상황 속의 인간심리분석」 *From Death-Camp to Existentialism, A Psychiatrist's Path to New Therapy*에서 말한다:

> 우리가 이 세상에서 무엇을 아직도 기대할 수 있는가 하는 것이
> 문제가 아니라, 오히려 인생이 무엇을 우리에게서 기대하고 있는가
> 라는 것이 문제가 된다. 우리가 인생의 의미를 묻는 것이 아니라,
> 우리들 자신이 물음을 받는 자로서 체험을 얻는 것이다. 인생은 우
> 리에게 날마다 시간마다 질문을 던지고 있고 우리는 그 물음에 탐
> 색이나 말뿐이 아닌 올바른 행위로 응답해야만 할 것이다.[92]

빅터 프랭클은 인간이 의미를 찾는 범주를 고통, 사랑, 책임 세 가지
로 제시하며, 일단 인간이 의미를 발견하기만 한다면 삶을 수용하고
더욱 창조적인 삶을 살 수 있다고 말하는 반면, 무신론자 니체는 자기
자신의 철학적 확신에 근거하여 고통의 무의미를 지적했다. 그는 바로
그 사실이 고통을 가장 고통스럽게 하는 것이라고 말했다.[93]

무엇보다 중요한 것은 우리 자신의 결단과 태도다. 한 개인의 삶은
고난에 대한 태도에 의해 형성되고 결정된다고 보아야 할 것이다.

일단 삶에서 고난의 가치와 의미를 발견하기만 한다면, 그 고난은

---

할 것인가를 물으십시요" 라는 케네디 대통령의 유명한 대통령 취임연설 역시 국가에 대한
시민의 관점의 변화를 요청하는 연설이다.
92) 빅터 프랭클. 「극한 상황 속의 인간심리분석」심일섭 역(서울: 도서출판 한글, 1966), p. 131-
132.
93) 손봉호, 같은 책, 5.

더 이상 고난이 아니며, 고난으로 인생은 더 의미 있고 창조적인 인생
이 될 수 있다는 주장은 실제 고난에 직면해 있는 사람들에게 그 어떤
위로를 주며 설득력을 지닐 수 있을까? 아니면 단지 고난 가운데 처한
사람 자신이 만들어낸 구차한 합리화나 변명에 불과할까? "저에게 왜
고통을 받아야 하는지를 알려주지 마시고, 다만 저에게 당신을 위하여
고통 받고 있음을 확신시켜 주소서[94]라는 중세기의 어떤 이의 기도는
고난의 의미를 찾기 위한, 그럼으로써 고난을 극복하려 한 나름대로의
신앙적인 몸부림이다.

　우리는 성경이 말하는 바에 귀 기울여 볼 필요가 있다. 성경에 의하
면 고난은 천상의 조각가가 쓰는 연장(鍊匠)이다

　　그러므로 우리가 믿음으로 의롭다함을 얻었은즉 우리 주 예수 그
　리스도로 말미암아 하나님으로 더불어 화평을 누리자.　또한 그로
　말미암아 우리가 믿음으로 서 있는 이 은혜에 들어감을 얻었으며
　하나님의 영광을 바라고 즐거워하느니라. 다만 이뿐 아니라 우리가
　환난 중에도 즐거워하나니 이는 환난은 인내를, 인내는 연단을, 연
　단은 소망을 이루는 줄 앎이로다. 소망이 부끄럽게 아니함은 우리
　에게 주신 성령으로 말미암아 하나님의 사랑이 우리에게 부은바 됨
　이니…(롬.5:1-5).

　신자가 된다고 해서 고난과 고통에서 면제되지는 않는다. 오히려 신
자가 됨으로써 고난을 더 받을 수 있다. 믿음으로 의롭다함을 얻은 후

---

94) 헤롤드 S 스쿠너. 「착한 사람이 왜 고통을 받습니까?」 김쾌상 역(서울:심지사, 1983), p. 31.

하나님의 영원한 사랑 안에 거하는 신자들에게도 고난은 예외 없이 찾아온다고 성경은 말한다. 그런데 그 고난에는 분명한 의미와 목적이 담겨있다.

고난 혹은 환난은 라틴어로 트리불룸(tribulum)인데, 이는 로마시대 농부들이 사용하던 탈곡기(脫穀器)다. 지금은 새로운 첨단 탈곡기를 사용하여 자동으로 곡식을 탈곡하지만, 그 당시에는 원형 목통에 삐죽삐죽한 못이 촘촘히 박힌 기구였다. 힘차게 구는 탈곡기는 알곡과 쭉정이를 구분한다. 쇠못에 부딪혀 껍질이 빗겨져 나갈 때 곡식은 얼마나 아프겠는가? 그러나 그 아픔을 겪으면서 곡식은 깨끗이 탈곡된다. 마찬가지로 하나님께서는 고난을 통해 신자의 인격에 붙은 불순물을 제거하신다.

연단은 라틴어로 카락터(character)다. 이는 조각가가 쓰는 연장이다. 조각가의 연장에 의해 대리석이 깎아지고 걸작품이 나오듯, 연단은 천상의 조각가이신 하나님께서 하나님의 자녀안에 하나님의 형상을 만들기 위해 사용하시는 조각 도구다. 조각도(彫刻刀)에 의해 깎이어 나가는 아픔이 얼마나 큰가? 그러나 그 아픔 뒤에는 하나님께서 의도하신 훌륭한 걸작품(masterpiece)인 영광스런 하나님의 형상이 나타나는 것이다.

하나님은 하나님 자녀들의 인격에 붙어 있는 불순물을 제거하시고 순수하게 만드시기 위해서 당신의 자녀들을 고난의 용광로 속에 던져 넣으신다. 그리하여 하나님의 형상을 새겨 넣으신다.[95]

우리를 고통스럽게 하는 조각도는 하나님의 사랑의 손길이다. 하나

---

95) 롬 5:1-4.

님은 고난의 아픔 속에 있는 우리에게 사랑을 넘치도록 부어주신다. 세상에서 자신이 만드는 예술품에 애정을 쏟지 않는 작가가 있는가? 평소에 자녀를 끔찍이 사랑하는 부모가 성장을 위한 아픔 속에 있는 자녀에게 더 많은 사랑을 부어주듯, 하나님도 고난의 아픔 가운데 있는 자녀에게 이전보다 더 큰 사랑을 부어 주시는 것이다. 자녀에게 고통을 주는 손길은 하나님의 사랑의 손길이다. 예수 그리스도의 십자가를 사랑하는 사람은 자신의 삶에서 닥쳐오는 환난도 사랑하기 시작한다.[96]

하나님의 아들 예수 그리스도도 세상에 계실 때 많은 고난을 받으셨다. 그로 말미암아 예수 그리스도는 온전케 되셨고[97] 영광과 존귀의 관을 쓰셨다.[98] 실로 고난은 우리와 그리스도를 연결하는 사슬이다.[99] 고난을 많이 받아들이면 받아들일수록 그리스도인은 '고난의 큰 도매상'이신 예수께 가까이 다가가 그분을 닮는 것이다.[100] 실로 고통은 영적 재탄생을 알리는 시금석이다.[101]

그러므로 성경은 말한다. 인생이 고난을 위해 존재하는 것이 아니라 고난이 인생을 위해 있는 것이라고. 실로 고난의 세상은 "영혼을 만드는 골짜기[102]"다. 고난은 아름다운 영혼을 만들어내는 뜨거운 풀무요 도가니다.

---

96) 디트리히 본회퍼. 126.

97) 히. 5;8-9.

98) 히. 2;9.

99) 내촌감산. 「내촌감산 전집」 제 8권 (서울: 크리스챤서적, 2001), p. 548.

100) Ibid., p. 559.

101) 필립 얀시. 「아, 내안에 하나님이 없다」차성구 역(서울: 좋은 씨앗, 2000), p. 429. Bill Wilson in Kurtz, Not-God, op. cit., 61 재인용.

102) C.S.루이스. 「고통의 문제」이종태 역(서울:홍성사, 2002), p. 163.

성자요 시인인 하인리히 발렉크는, "어떤 고난도 나를 넘어뜨릴 수 없다. 이는 내가 비록 하나님의 오른 손에서 미끄러져 나갈지라도 그것은 단지 그의 왼 손으로 미끄러지는 것이기 때문이다'라고 말했다.

필립 얀시는 그의 저서 「아, 내 안에 하나님이 없다」에서 하나님께서 주시는 고통에 대한 믿음의 사람들의 반응을 인용하고 있다:

> 니케아의 그레고리(Gregory)는 성 바질(St. Basil)의 믿음이 '양손잡이' 같다고 말했다. 그 이유는 바질이 오른 쪽으로는 기쁨을 받아들이고 왼쪽으로는 고통을 받아들이면서 두 가지 요소 모두가 자신에 대한 하나님의 계획을 이루기 위해 봉사하는 요소로 확신했기 때문이었다. 18세기의 영적 지도자였던 드코사드(Jean-Pierre de Caussade)는 바질과 같은 생각을 갖고 있었다. 살아있는 믿음이란 고난과 폐허가 이어지는 길을 오로지 하나님만 보고 꿋꿋하게 나아가는 것이다.[103]

복과 재앙, 기쁨과 고통 모두를 하나님께서 주시는 것으로, 그리고 하나님의 섭리에 봉사하는 것으로 받아들였던 욥의 믿음이 이들에게서도 발견되는 것이 놀랍지 않은가? 우리 또한 그런 믿음을 가질 수 있다면 얼마나 좋을까?

우리 모두는 간단히 신앙의 우등생이 되려는 욕망 혹은 환상을 갖고 있다. 그러나 간단히 우등생이 되는 위험을 생각해보자. 하라사끼 모모꼬 목사 아내는 신우염으로 인한 죽음의 병상에서 이런 일기를 썼다.

---

103) 필립 얀시. p. 101.

너무 일찍이 고난을 이겨내서는 안 된다.

고난이 고뇌가 될 때까지

그것을 자기 안에서 영글게 하자.

발효시키자.

그리고 집요하게 고난의 의미를 물어나가자.

간단히 우등생이 되는 위험[104]


고난을 회피하기보다는, 되도록이면 고난을 빨리 모면하려는 조급함보다는, 오히려 시간이 걸리더라도 고난을 철저히 받아들임으로써 신앙의 우등생이 된다면 그 길을 걷겠다는 아름답고 고결한 신앙의 의지는 우리 마음을 감동시키기에 충분하다. 하라사끼 모모꼬와 그의 아내는 그야말로 고난의 눈물을 아름다운 노래로 승화시킨 사람들이다.

그러므로 우리에게 남겨진 중요한 과제가 있다면, 고난을 맹목적인 것이나 숙명적인 것으로 받아들이지 않고 하나님의 섭리로 받아들이는 믿음을 갖는 일일 것이다. 욥이 고백한 것처럼, 고난의 회로 끝에는 정금 같이 빛나는 신앙 인격이 기다리고 있다는 믿음과 인내를 갖는 일일 것이다.[105] 다른 한편, 하나님이 섭리하시는 고난 속에 있는 나 자신에게 하나님의 사랑이 부어지고 있는 것을 믿고 확신하는 일이다. 그 사랑의 역사 가운데 하나님의 형상이 지금 내 안에서 만들어지고 있다는 믿음과 확신이 필요하다.

만일 믿음 안에 거한다 하면서도 고난과 그로 말미암는 고통을 회피

---

104) 하라사끼 모모꼬, 「내 눈물이여, 내 노래가 되라」(서울:컨콜디아, 1985), p. 42.
105) 욥. 23:10

하려 하거나 부정적인 것으로만 취급하려 한다면, 이는 데이빗 프라이어가 말한 대로 우리 자신의 내부에서 그리고 우리 자신을 둘러싸고 있는 모든 고통, 고난, 실패와 약점을 현실적으로 마주 대하고 싶어 하지 않는 우리 자신의 열등한 성품에 대해서 아주 무기력하게 굴복하는 것 이상의 아무 것도 아닌 것이다.[106] 바울의 경우, 고난 가운데서 전에 알지 못했던 새로운 방법으로 하나님을 알게 되었다고 고백 한다.[107]

폴 투르니에는 말한다:

고통 없이는 창조적일 수 없다. 고통 없이 사람은 성장하지 못한다. 고통은 창조성을 위한 기회이다.[108]

욥은 고난과 고통의 연단을 통해 영적으로 더 성숙해졌다.[109] 그리고 이전에는 귀로만 듣던 하나님을 이제는 눈으로 보는 신앙의 성숙한 단계에 이르렀다.[110] 욥과 하나님 사이의 깊은 친밀성은 고난과 고통의 열매다. 욥은 고난의 재에서 변화와 성숙을 경험한다.[111] 욥에게 재는 역치경험의 거룩한 장소(Liminality)[112]였다.

로버트 블라이(Robert Bly)는 그의 저서 「남자만의 고독」Iron John에

---

106) 데이빗 프라이어. 「고난과 영광」이옥화 역(서울: 두란노, 1991), p. 17.

107) Ibid., p. 18.

108) 폴 투르니에. 「창조적 고통 『 김기복 역(서울:전망사, 1986), p. 131.

109) 욥. 23:10.

110) 욥. 42:5.

111) 욥. 2:8.

112) 로버트 무어(Robert Moore)는 이 거룩한 장소를 "컨테이너"(container)로, 멀치아 일아데(Marcia Illiade)는 "거룩한 공간"(Sacred space)으로 부른다. 이것들은 변화의 장소다. 그리고 여기에서 이뤄지는 변화와 성숙의 경험을 문지방 경험 혹은 역치 경험이라 한다. 야곱에게는 얍복강이 역치경험을 한 거룩한 장소다.

서 재(ash)와 관련하여 욥의 성숙의 다른 면에 대한 통찰을 제공해준다. 그 성숙이란 자기중심성(self-centeredness)에서 벗어난 것이다. 그는 말한다:

> 재의 인생을 사는 것은 추락과는 다르다. 카톨릭에서도 재의 수요일[113]Ash Wednesday을 무척 중요하게 여긴다. 재의 시간은 자기중심적 존재의 죽음을 위해 마련된다. 재라는 단어는 어두운 죽음의 느낌을 준다. 재가 덮인 얼굴은 죽은 이의 백지장 같은 얼굴로 변한다. 욥은 지난 날 안락하게 살았던 욥의 죽음을 선포하기 위해 자기 얼굴을 재로 덮었다. 살아있는 욥은 죽은 욥을 위해 눈물을 흘렸다.[114]

어떤 이는 반박할지 모른다. 고난과 고통에 대한 의미 지향적, 섭리적 해석은 이미 도로테 죌레가 비판한 기독교 신학적 메저키즘(masochism)을 미화(美化)한 것이라고 말이다. 죌레는 시험과 교육을 위한 고난을 하나님의 새디즘(sadism)으로, 그리고 그렇게 수용하는 신앙적 태도를 메저키즘[115]으로 평가했다. 그렇다면 하나님은 우리를 괴롭히는 것을 즐기고 우리는 괴로움 당하는 것을 즐기는 것인가?

필자가 생각하기에는 신학적 메카니즘의 눈으로 고난을 보는 죌레

---

113) 이날부터 부활절을 앞두고 40일 동안 금욕과 참회로 지내는 사순절 이 시작된다.

114) 로버트 블라이, 「남자만의 고독」이희재 역(서을: 고려원, 1992), 135-136. 요즈음 개신교에서도 초대교회의 전통을 따라 사순절이 시작하는 수요일 재의 수요일(Ash Wednesday) 의례를 갖는 교회가 늘고 있다.

115) 도로테 죌레, 「고난」 채수일, 최미영 공역(서울: 한국신학연구소, 1993), p. 30-31.

의 입장은 하나님을 비인격적인 하나님으로 묘사하는 것 외에 아무 것도 아니며, 인간을 비인간화시키고 하나님과 인간 사이에 큰 간격을 만들어내는 일 외에 고통 속에 있는 인간에게 아무런 도움을 주지 못하는 한 낱 허구적인 이론적 해석일 뿐이다.

천국의 12대문이 진주로 되어 있다는 것[116]이 우연일까? '아비굴리테'라는 굴은 몸속에 모래알이 들어오면 엄청난 괴로움을 겪는다. 아비굴리테는 두 가지 중에 한 가지를 선택해야 한다. 그 선택이란 몸속에 들어온 모래알을 방치해 두는 것과 자신의 몸에서 특수물질을 분비하여 고통을 이기는 길이다. 만일 몸속에 들어온 모래알을 그대로 방치해 두면 아비굴리테는 결국 썩고 만다.

다른 하나의 대안은 체내의 나카(nachar) 액을 분비하여 모래알을 감싸는 것이다. 고통에 비례하여 나카액을 분비하면 할수록 모래알은 점점 더 빛나는 값진 진주가 되어가는 것이다.

천국에 입성하는 성도들은 고난을 겪으며 고난에서 승리한 자들이다. 그래서 그들을 위해 하나님께서는 상징적으로 천국 문을 진주로 만들어 두신 것이다. 이런 면에서 고난과 고통을 회피하거나나 부인하는 태도는 하나님의 은총에 대한 저항이라 말할 수 있다.

## [물음2] 왜 의인들이 고난 받는가?

하박국은 하나님께서 창조하신 세계 안에서 이뤄지는 일들을 목도하는 가운데 고뇌하며 신앙의 몸부림을 한다. 그러면서 그는 하나님을 향하여 심각한 질문을 던진다:

---

116) 계. 21:21.

하나님, 어찌하여 간악과 패역과 겁탈과 강포가 난무합니까?
어찌하여 악인이 의로운 자를 삼키도록 방관하고만 계십니까?
어찌하여 우상숭배자가 잘 됩니까?(합. 1:3, 13, 14)

하박국이 던진 질문의 요지는, 물론 역사적 배경으로는 이스라엘에 대한 바벨론의 침공에 대한 항의이지만, 하나님이 살아 계시다면 어찌하여, 무슨 까닭에 악인이 잘 되고 상대적으로 의인이 고난 받는가 하는 것이다. 하나님이 창조하시고 섭리하시고 통치하시는 세계라면, 어찌하여 그 세계 안에서 악인이 득세하고 활개를 치며, 상대적으로 의인은 위축당하고 억울함을 당하며 고난 받을 수 있는가 라는 지극히 온당한 질문이다.

하박국 시대나 우리가 살고 있는 지금이나 별반 차이가 없는 것 또한 사실이다. 한 마디로 지금 우리가 사는 세계는 모순 덩어리 세계가 아닌가? 하나님을 믿지 않고 수단 방법 가리지 않고 사는 사람들은 잘 나가는데, 왜 하나님을 믿고 섬기며 사는 자들은 고통에서 헤어 나오지 못하는 것일까?

고난의 골짜기는 축복의 골짜기이다. 시편 기자는 고백한다.

하나님이여, 주께서 우리를 시험하시되 우리를 단련하시기를 은을 단련함같이 하셨으며, 우리를 끌어 그물에 들게 하시며 어려운 짐을 우리 허리에 두셨으며, 사람들로 우리 머리 위로 타고 가게 하셨나이다. 우리가 불과 물을 통행하였더니 주께서 우리를 끌어내사

풍부한 곳에 들이셨나이다.[117]

　가시나무새는 일생동안 가시나무를 찾아다닌다. 가시나무를 만나면 거기에 가슴을 찌르고 피를 흘리며 가장 아름다운 노래를 부른다. 고통이 가장 아름다운 노래를 만들어낸다는 말이다.

　온상에서 자란 식물보다는 옥외에서 모진 비바람 맞으며 자란 식물이 더 건강하며 꽃이 한결 아름답다는 말이 있지 않는가? 일년 중 6개월 이상을 모진 비바람 맞으며 자란 노르웨이 산(産) 목재로 만든 가구가 더 질기고 광택이 난다하지 않는가?

　'테너 빅 스리'(Tenor Big Three)로 회자되고 있는 플라시도 도밍고, 루치아노 파바로티, 그리고 호세 카레라스의 목소리를 세상 사람들은 "신이 준 선물"로 극찬한다. 그런데 그 중 카레라스는 고난의 강을 건넌 후 훨씬 감동적인 노래를 들려주고 있다. 1987년은 그에게 인생의 전환점이었다. 백혈병 판정을 받은 그는 그만 절망 속에 빠졌다. 노래를 중단한 그는 2년 동안 힘겨운 투병생활을 했다. 그 당시 그의 재기를 믿는 사람은 하나도 없었다. 하지만 그는 불굴의 의지로 백혈병을 극복한 후 다시 한 번 세상 사람들에게 '신의 소리'를 선물했다.

　독수리는 폭풍우를 대단히 좋아하는 새다. 멀리서 폭풍우가 밀려오는 것을 촉감으로 감지한 독수리는 폭풍우를 정면으로 맞이할 좋은 장소를 찾아 나선다. 다른 새들은 폭풍우의 징조가 보이면 다 피해 숨어버리지만, 독수리는 폭풍우가 밀려오는 방향을 마주 대하여 선다. 폭

---

117) 시. 66:10-11.

풍우가 세차게 불어올 때, 독수리는 두 날개를 하늘을 향하여 힘 있게 세운다. 폭풍우의 거센 바람이 날개를 칠 때 독수리는 폭풍우를 타고 총알처럼 하늘을 날아오른다. 세찬 바람을 타고 구름을 뚫고 높이 올라가서 높은 창공에서 유유히 하늘을 난다.

은총의 하늘을 비상하는 은혜의 뒤편에는 하나님께서 선물로 주신 고난의 도약대가 있다.

하나님을 향하여 "어찌하여?"를 연발하던 하박국! 의인이 당하는 고난과 고통의 문제를 껴안고 뒹굴며 절규하던 하박국은 고난의 어둔 밤 속에서도 희망이 가득 찬 노래를 즐겁게 부른다.

비록 무화가나무가 무성치 못하며 포도나무에 열매가 없으며 감람나무에 소출이 없으며 밭에 식물이 없으며 우리에 양이 없으며 외양간에 소가 없을지라도 나는 여호와를 인하여 즐거워하며 나의 구원의 하나님을 인하여 기뻐하리로다. 주 여호와는 나의 힘이시라 나의 발을 사슴과 같게 하사 나로 나의 높은 곳에 다니게 하시리로다.[118]

맹자 제2장 고자장구하(孟子 第二章 告子章句下) #15는, "하늘이 사람을 내려하면 먼저 마음을 괴롭히고, 뼈가 아프게 하고, 뒤흔든 다음에 한다"(天將降 大任於是人也, 必先苦其心)고 말한다. 하물며 살아계신 하나님께서 그분의 사랑하는 백성을 사용하시려할 때 그렇게 하시지 않겠는가?

---

118) 합. 3:17-19.

### [물음3] 고난은 죄에 대한 형벌인가?

욥의 세 친구는 나름대로 교리주의적, 전통주의적 입장에서 그리고 인과응보(因果應報)의 원리를 적용하여 욥의 고난을 해석하며 욥을 질타했다. 세 친구의 공통적인 주장은, 욥의 고난은 죄에 대한 하나님의 심판과 형벌이라는 것이다. 실상 영어로 아픔을 뜻하는 'pain'이란 말은 '벌'을 의미하는 라틴어 *poena*에서 온 말[119]이다. 지금도 많은 사람들은 자신을 포함한 다른 사람들의 고난과 고통을 그렇게 해석한다.

따지고 보면 이 논쟁의 시발점은 에덴동산에서 이뤄진 인간의 타락과 실낙원(失樂園)이다. 죽음, 죽음의 증상인 질병, 그리고 인간이 겪는 모든 고난과 고통은 첫 사람 아담과 하와의 범죄 때문에 온 것은 사실이다. 스티픈 브라운(Stephen Brown)이 말한 것처럼, 세상의 모든 고통은 인간의 죄로 말미암는 "끊어진 밧줄 증후군"(Broken Rope Syndrome)이다.[120]

그러나 이것을 절대 결정론으로 삼아서 지금 우리 자신을 비롯한 수많은 사람들이 겪는 모든 고난과 고통을 일사천리로 죄에 대한 심판과 형벌로 적용하는 것이 타당할까? 욥처럼 의롭고 경건한 삶을 산 사람과, 일일이 들추어 낼 수는 없지만 욥 이후 하나님 앞에서 경건하게 산 사람들이 겪는 고난과 고통을 죄에 대한 심판과 형벌로 해석할 수 있을까? 고난과 고통을 죄에 대한 하나님의 심판과 형벌이란 패러다임 속에 가두어 두고 불행이나 고통당하는 자들을 한결같이 그 속에 집어

---

119) 헤럴드 S스쿠너. p. 83.

120) 스티픈 브라운. p. 12. 여기서 브라운은 밧줄이 끊어진 것이 진짜 우리의 문제가 아니라, 밧줄이 끊어진 것이 무의미하게 보이는 것이라고 말한다. 끊어진 밧줄이 무의미하게 보이는 것이 끊어진 밧줄보다 우리를 더욱 고통스럽게 하는 것이라고 말한다.

넣는 것이 타당할까?

다음의 아버지와 아들 사이의 대화는 우리에게 많은 것을 시사해 준다. 한 아버지가 정신과 의사가 된 아들에게 물었다:

"마침내 정신과 의사가 되었구나, 축하한다. 그런데 그동안 네가 배운 것 중에 제일 기억에 남는 것이 무엇이냐?"

아들이 대답했다:

"제가 크게 배운 것은 고통 없이는 성장도 없다는 사실이었습니다. 그리고 저는 거룩하다는 것이 무엇인가에 대하여 연구를 했습니다"

그러면서 아들은 자신의 아버지로부터 버림받은 한 처녀를 상담했던 이야기를 했다.

"그래, 그 처녀에게 무슨 말을 해주었느냐?"

"나는 결코 당신을 버리지 않을 것이라고 말해주었죠"

이 때 아버지는 무릎을 치며 말했다:

"바로 그것이다. 너는 거룩한 것이 무엇인가를 연구했다고 했지. 참으로 거룩한건 다른 게 아니야. 하나님께서 결코 우리를 버리지 않으시겠다고 확인해 주신 그 사실이야."

아버지와 아들 사이에 이뤄진 대화에서 엿볼 수 있는 것처럼, 고통을 하나님의 버림, 곧 인간의 죄에 대한 심판과 형벌이라기보다는 인생에 대한 깨달음과 성숙의 디딤돌로 보는 것, 그것을 밟고 올라섬으로써 우리가 자라도록 설계하신 하나님의 사랑과 섭리의 디딤돌로 보는 것이 타당하지 않을까? 성경은 끊임없이 다가오는 위기 속에서 비틀거리며 나아가는 사람들의 모습으로 가득 차 있다.[121] 그럴 때 그 고난과 고통은 영적 성장과 성숙을 위한 디딤돌로서 하나님의 은혜의 선물이었다.

우리는 지금까지 하나님을 마치 "회초리로 매질하는 서당 촌장님"이나 "죄만 찾아내어 벌주는 무서운 경찰관"처럼 생각해 왔다. 교회학교 유치부 시절부터 하나님을 어김없이 "하얀 수염을 길게 늘어뜨리고 지팡이(때리는 막대기)를 쥐고 있는 근엄한 할아버지", "'어흠, 고얀 놈'하고 꾸짖고 야단치는 근엄한 할아버지" 같은 하나님으로 배우고, 인식하고, 그려 왔다.

그러나 성경이 묘사하는 하나님은 그런 하나님이 아니라, 부드럽고 자상하고 온화한 어머니 같은 하나님이다. 우리를 향한 하나님의 영원하신 사랑과 긍휼(compassion)은 큰 긍휼(삼하. 24:14, 사. 54;7), 연 이은 긍휼(느. 9;19), 무궁한 긍휼(애. 3;22), 불붙는 긍휼(호. 11:8)이다.[122] 이런 이유로, 제 3차 톨레도 회의(The Third Council of Toledo, 589년)는 진실하시고 거룩하신 하나님을 아버지와 어머니 양자(兩者)로, 그리고 예수를 아버지의 자궁에서 난 아들(de utero patris)로 확언했던 것이다.[123] 성경에는 하나님의 부성(父性)보다 모성(母性)을 더 많

---

121) 필비 얀시. p. 57.
122) 앞에서 이미 긍휼(remrecim, compassion)은 '하나님의 자궁'이며, "함께 아파하다", "함께 고통하다"는 뜻임을 말한 바 있습니다.
123) Nancy A. Hardesty, *Inclusive Language in the Church*(John Knox Press, Atlanta:1987), p. 46.

이 말하고 있다.[124)]

고난 속에 있는 자들은 쉽게 죄책감에 빠져드는 경우가 허다하다. 어떤 경우는 죄책감이 만성적으로 자리잡은 경우도 있다. 심리적인 죄책감은 비단 실패(자신이 판단하고 믿는 한에서)에서 올 뿐 아니라 개인적으로 세운 목표에 도달하지 못할 경우에도 올 수 있다. 마치 부모의 기대에 미치지 못하면 죄책감을 갖는 아이와 같다. 얼마 전, 우리는 부모의 지나친 기대의 무게를 감당치 못한 아들이 죄책감에 시달리던 나머지, 침실에서 잠을 자고 있던 부모를 둔기로 쳐 죽인 다음 불을 지른 끔찍한 일을 목도한 바 있다.

정상적인 목표든 아니면 과도한 목표든, 목표에 도달하지 못할 경우, 인간은 일반적으로 심리적인 죄책감에 사로잡힌다. 그리고 심리적인 죄책감은 정신의 고통을 유발하게 되며 심할 경우 육체의 병리적 현상까지 동반하게 된다.[125)] 그리스도인도 여기서 예외일 수는 없다. 맥시 더남(Maxie Dunnam)은 말한다:

죄의식이 우리의 삶에서 우리를 극도로 쇠약하게 하는 이유는 우리가 "성취된 자아"라고 부르는 것과 "잠재된 자아" 사이의 갈등이다. 우리가 때때로 이루고자 했던 것을 이루지 못했거나, 한번 마음 속에 계획했던 것을 하지 못했을 때 우리는 무서운 죄의식을 갖게

---

124) 로고스(logos) 하나만이 남성 명사이며, 지혜(hokma, sopia)와 사랑(agape)과 자비 혹은 긍휼(rechemim)은 여성 명사다. 이 사실로도 하나님의 부성보다는 모성이 더 강조되어 있음을 알 수 있다.

125) M 스콧트 팩은, 모든 신경증을 "정당한 고통을 회피한 대가"로 본다. 「끝나지 않은 길」(서울; 소나무, 1996), p. 19.

된다.[126]

그러므로 중요한 것은 심리적인 죄책감에서 벗어나는 것이다. 만일 그렇지 못할 경우, 영적 침체가 장기화되며 만성적인 영적 침체는 바람직하지 못한 결과를 낳을 수도 있다.

성경은 '너희가 진리를 알찌니 진리가 너희를 자유케 하리라'[127]고 말씀한다. 진리는 하나님이시며 하나님은 진리의 하나님, 엘에메트(el-emet) 혹은 아멘의 하나님이시다.[128] 그분의 아들 또한 진리(Amen)[129]이시다.[130] 그러므로 거짓이 없고[131] 편벽이 없고[132] 진실 무망한 하나님께서 그분의 사랑받는 거룩한 자녀인 우리가 거짓 죄책감에 사로잡혀 혼미 속에 고통당하는 것을 기뻐하시겠는가? 진리의 하나님은 결코 우리를 속이는 일이 없다. 또 우리 스스로 기만에 빠지는 일을 원치 않으신다.

누구든지 하나님을 신뢰한다면, 예수 그리스도 안에 서 있기만 한다

---

126) 맥시 더남. 「그리스도인의 문제를 어떻게 극복할 것인가?」하도균 역(서울:세복, 2004), p. 69.

127) 요. 8:32.

128) 사. 65:16.

129) 예수님의 "말버릇"("예수님의 말버릇"에 대해서는 김세윤 박사 학위논문 The Origion of Paul's Gospel을 참조) 가운데 '진실로, 진실로(truely truely)'라고 번역된 말씀은 헬라어로 "Amen, Amen"이다(예. 요. 5;24). 예수님은 귀중한 진리의 말씀을 하실 때 꼭 "아멘, 아멘, 내가 너희에게 말한다"(truely truely I say to you)고 말씀하셨다. 맨 먼저는 하나님께서 아브라함에게 후손을 바다의 모래같이 하늘의 별과 같이 약속하실 때 아브라함이 하나님의 약속의 말씀에 대해 "아멘(Amen)"하고 대답했다. 우리글 성경은 그것을 "아브라함이 여호와 하나님을 믿으니"라고 옮겨놓았다.

130) 계. 3:14.

131) 민. 23;19.. 삼상. 15:29.

132) 대하. 19:7.

면, 그 또는 그녀는 그것이 실패이든, 목표에 대한 미달이든 자신을 옭아매는 모든 것으로부터 자유를 누릴 수 있다.

그렇다면 우리의 삶에 파고드는 불안과 염려의 굴레는 무엇인가?

불안과 염려는 고난의 산물인 것이 분명하다. 우리의 삶에 고난이나 고난의 요소가 없다면 불안하거나 염려할 이유가 없을 것이다. 그리고 불안과 염려는 외로움(loneliness)[133]을 낳는다. 홀로 외진 곳에 있다는 감정은 누구에게나 힘겨운 고통이다.

예루살렘이 훼파되고 바벨론으로 끌려가 포로생활을 하고 있는 한 포로민의 불안과 염려, 그리고 거기에 뒤따르는 외로움을 우리는 엿볼 수 있다:

> 나는 광야의 당아새 같고 황폐한 곳의 부엉이 같이 되었사오며 내가 밤을 새우니 지붕 위의 외로운 참새 같으니이다.[134]

존재의 뿌리를 잃는 것은 거의 죽는 것과 같은 경험인데[135] 존재의 뿌리인 예루살렘을 떠나 바벨론 포로생활을 하고 있는 시편 기자의 마음은 고통으로 얼룩져 있었을 것이고, '언제쯤 고향으로 돌아갈 것인가?' '내 생애는 이대로 끝나고 말 것인가? 앞으로의 삶은 어떻게 전개될 것인가?...' 등등 그의 마음은 갖은 불안과 염려로 점철되었을 것이다. 그리고 그 모든 것은 처절한 외로움으로 다가왔다.

고난과 고통의 현실에 처해 있을 때, 필자도 많이 겪었지만, 많은 그

---

133) 영적 성숙을 낳는 고독solitude와는 구별된다.

134) 시. 102;6-7.

135) 폴 투니어. 「인간 장소의 심리학」보이스사 편집부 역(서울 보이스사, 1983), p. 52.

리스도인들이 불안과 염려를 경험하는 것을 보았다. 이론적으로 불안과 염려는 하나님 부재임을 알지만, 이론을 떠나서 현실은 그렇지 않다.  하나님을 믿고 신뢰하는 마음속에도 불안과 염려는 얼마든지 찾아와 도사릴 수 있기 때문이다.

그래서 '나누어 진merice 마음nous'[136]이라는 의미 그대로, 불안과 염려merimnao는 마음의 평안을 앗아가고 대신 마음을 고통으로 채운다. 영어 'worry'라는 말의 뜻대로 불안과 염려는 우리를 "물어뜯고" "목을 죄이고", 그래서 우리는 아파하는 것이다.

그러면 불안과 염려에서 오는 고통, 그리고 그 뒤에 따르는 외로움의 고통을 그냥 어찌할 수 없는 실존적인 것으로 수용해야 하는가? 말 그대로 실존적인 것이라 하더라도, 그 고통은 영적 성숙의 기회가 될 수 있지 않을까?

헤밍웨이가 묘사한 것처럼, 우리들의 모습이 관중들의 환호와 갈채도 아랑곳없이 투우의 두 뿔을 쥐어 잡고 버티고 서 있는 투우사처럼 불안과 염려를 대치하고 서 있는 외로운 존재라 하더라도, 오히려 그 순간이 우리 자신이 성숙할 수 있는 생산적인 고독(solitude)의 시간이 될 수 있지 않을까?

불안과 염려의 굴레, 그리고 그것이 주는 외로움, 이 모든 것도  영적인 안목에서 본다면 하나님의 은총의 선물일 수 있다. 초기 사회에서 성인식을 위한 입사의례(Initiation Rite) 역시 성인식에 참여한 소년 소녀들을 불안과 외로움의 고통의 처소에 일정 기간 집어넣은 다음 이

---

136) 한자 '어지러울 환(患)'은 나누어진 마음을 잘 말해준다.

루어졌다.[137) 그 기간이 끝나면 그들은 성숙한 모습으로 사회의 한 책임적인 존재가 되어 사회로 되돌아왔다. 불안과 염려 안에 찾아오시는 하나님의 손길 또한 그렇지 않을까?

### [물음4] 형통치 않는 자는 버림받은 자인가?

성경은 분명히 형통을 약속한다. 형통이란 말의 사전적 의미는 "모든 일이 뜻과 같이 잘 되어감"[138)이다. 다시 말하면 매사가 막힘없이 순조롭게 술술 잘 풀려나간다는 뜻이다. 그리고 성경에서 사용된 형통(chalehaq)의 뜻은 번영이다.

> 복 있는 사람은 악인의 꾀를 좇지 아니하며, 죄인의 길에 서지 아니하며, 오만한 자의 자리에 앉지 아니하고, 오직 여호와의 율법을 즐거워하여 그 율법을 주야로 묵상하는 자로다. 저는 시냇가에 심은 나무가 시절을 좇아 과실을 맺으며 그 잎사귀가 마르지 아니함 같으니 그 행사가 다 형통하리로다[139)

이 말씀은 하나님의 말씀을 묵상하며 경건히 하나님과 동행하는 삶을 살 경우, 하나님께서 그 하는 일에 형통한 은혜와 복을 주신다는 약속이다.

이와 같은 맥락에서 우리는 모세를 계승한 이스라엘의 영도자로서 선민 이스라엘을 하나님께서 약속하신 땅으로 인도할 사명을 띤 여호

---

137) Victor Turner, *The Ritual Process*, (Ithaca, NY: Cornell University Press, 1991 참조
138) 국어 국문학회 「국어대사전」 민중서관: 2000. 5. 25
139) 시. 1:1이하.

수아에게 주신 말씀도 기억할 수 있다.

> 이 율법책을 네 입에서 떠나지 말게 하며 주야로 그것을 묵상하
> 여 그 가운데 기록한 대로 다 지켜 행하라 그리하면 네 길이 평탄하
> 게 될 것이라 네가 형통하리라[140]

이 말씀은 직접적으로 여호수아가 감당해야 할 사명 성취와 관련이 있지만, 시편의 말씀과 같이 여호수아 자신뿐만 아니라 하나님을 경외하는 모든 사람들의 삶의 전반에 다 적용되는 말씀이다. 하나님이 약속하신 말씀은 추호라도 변함없이 성취된다. 신학적인 관점에서 말한다면, 신명기 전통(Deuteronomy Tradition)은 이 사실을 힘 있게 강조하고 있다.

경험상 우리는 신실한 하나님의 사람들이 형통을 누리는 것을 많이 보아 왔다. 반면, 성실한 믿음의 삶을 살지만 그렇지 못한 성도들도 많이 있는 현실 또한 부인할 수 없다. 그게 사실이라면 우리는 그 사실을 어떻게 받아들일 수 있을까? 하나님의 무능 때문인가? 그들에 대해 뭔가 밖으로 드러나지 않은 '하나님만이 아시는 어떤 죄나 불의 혹은 불손종이 그들 안에 있기 때문일 것이라'고 욥의 친구들이 한 것처럼 일방적으로 몰아붙이겠는가? 만일 그렇지 않다면 과연 무엇이 문제인가? 우리는 솔직히 이 문제를 직면해야 하겠다.

우리는 무의식중에 '하나님께 버림받은 거지 나사로'라는 이미지를 가짐으로써 형통을 아전인수적으로 해석하곤 한다.

---

140) 수. 1:8.

어떤 사람은 "성도가 형통을 누리지 못한다면 그것은 '형통 의식'이 없어서"라고 말한다. 다분히 심리적인 접근과 해석으로 볼 수밖에 없다.

그렇다면 인간의 의식(意識)이 하나님의 말씀의 권위와 능력보다 높다는 말인가? 만일 그렇다면, 이렇게 말하는 것 자체가 불경스런 말이지만, 하나님은 인간 의식의 힘의 조종(操縱)을 받는 하나님 내지는 인간의 하수인에 불과할 것이다.

어떤 사람은 형통을 물질적인 성공과 결부시켜 말한다. 물질의 거부(巨富)가 되지 못한 것은 "거부 자아상"을 갖지 않았기 때문이라고.  그리고 누구든지 거부 자아상을 갖기만 하면 물질적인 거부가 된다고 말한다.

이 논리를 뒤집으면, '가난의 책임은 그 어느 누구의 책임도 아니라, 바로 너 자신의 책임이다'는 비난으로 가난에 대한 모든 책임과 그에 따른 죄책감을 가난한 자에게 떠넘기는 주장 내지는 논리다. 그렇다면 성경 속에 등장하는 가난한 특정 인물과, 거지와 같이 매우 궁핍하거나 다른 사람으로부터 도움을 구해야 하는 예수 주변에 모여든 푸토코스와 같은 가난한 대중들은 하나님 앞에 설 자리가 없어진다.

부자의 대문 앞에서 부자 상에서 떨어지는 부스러기로 목숨을 간신히 연명하는 하나님을 경외하는 거지 나사로는 어떻게 되는가? 그에게 "너는 하나님을 경외해 봤자 거부의식이 없어서 거지생활 한 거야. 가난과 그에 따른 모든 책임은 다른 누구에게 있는 게 아니고 바로 네 자신에게 있어!"라고 말해야 하지 않을까? 만일 이와 같은 주장의 말을 듣는다면 나사로는 과연 어떤 대답을 할까?

루이스가 말한 바와 같이, 인간의 경험과 생각과 말로서는 다 설명할 수 없는, 오로지 하나님만이 하시는 섭리적 차원이 존재하는 것이 사실이다. 그뿐 아니다. 나사로가 거지로 산 것이 비록 하나님을 경외했다손 치더라도 거부 혹은 부자 의식이 없었기 때문이라고 주장한다면, 이는 나사로를 비난하는 데 그치는 것이 아니라 나사로와 깊은 인격적인 관계를 가지신 하나님을 비난하는 행위가 된다. 왜 그런가? 우리가 하나님에 대해 책임적인 존재라면 하나님 역시 하나님을 경외하는 믿음의 자녀들에 대해 책임적인 분이니까 그렇다! 거지 나사로의 가난과 그에 따른 고난에는 우리가 다 알지도 파악할 수도 없는 신비한 하나님의 섭리의 차원이 있는 게 분명하다.

형통의 논리를 일사천리로 적용한다면, 다니엘은 사자굴 가까이조차 갈 필요가 없었을 것이다. 아니 대적들의 모함 자체도 없어야 했다. 물론 하나님께서 악한 대적들의 손에서 다니엘을 건져내셨지만, 대적의 모함과 사자 굴에 던짐을 받는 고난은 존재하지 말아야 했다.

결과적으로 하나님의 구원이 형통이 아니냐고? 결과론적으로는 그럴지 모른다. 그러나 포로민 생활을 하는 다니엘의 생애에 고난이 많았던 것은 사실이다. 다니엘은 굳센 믿음과 의지로 앞으로 닥쳐 올 비참하고 처절한 죽음의 고난까지 각오하고 있었고, 이 사실은 경건한 하나님의 사람과 백성들에게도 고난이 있음을 말하는 것이다. 오히려 경건할수록 고난과 핍박이 많다.[141] 바울은 말한다:

그러므로 내가 그리스도를 위하여 약한 것들과 능욕과 궁핍과 핍

---

141) 딤후. 3:12.

박과 곤란을 기뻐하노니 이는 내가 약할 그 때에 곧 강함이니라[142]

우리가 사방으로 우겨쌈을 당하여도 싸이지 아니하며 답답한 일을 당하여도 낙심하지 아니하며 핍박을 받아도 버린 바 되지 아니하며 거꾸러뜨림을 당하여도 망하지 아니하고…[143]

또 우리가 하나님 나라에 들어가려면 많은 환난을 겪어야 할 것이라[144]

위의 말씀에 의하면, "경건한 자는 형통, 불경건한 자는 불통"이란 일방적인 도식(圖式)은 불가능하다.

다니엘의 세 친구 사드락 메삭 아벳느고는 경건한 그들의 믿음 때문에 고난의 가시밭길을 걸은 사람들이다. 느부갓네살 신상에 절하지 않는다는 이유로 그들은 극렬히 불타는 풀무불에 던져졌다. 그 전에 그들은 회유와 강압을 받았지만 꿈쩍 달싹하지 않았다. 오히려 그들의 하는 말을 듣는 느부갓네살과 느부갓네살의 신하들의 간담이 서늘해질 만큼 담대히 말했다.

느부갓네살이여, 우리가 이 일에 대하여 왕에게 대답할 필요가 없나이다. 만일 그럴 것이면 왕이여, 우리가 섬기는 우리 하나님이 우리를 극렬히타는 풀무 가운데서 능히 건져내시겠고 왕의 손에서도 건져내시리이다. 그리 아니 하실지라도 왕이여, 우리가 왕의 신들을 섬기지 아니하고 왕의 세우신 금 신상에게 하지도 아니할 줄

---

142) 고후. 12:10.
143) 고후. 4:8-9.
144) 행.14:22.

을 아옵소서[145]

"그리 아니하실지라도"의 신앙!

"설혹 뜨거운 불에 타 죽는 죽음의 고통에 방치되더라도, 하나님의 구원의 손길이 아예 미치지 않더라도, 하나님은 살아계신 참된 하나님 이시다."

"평소 우리가 섬기던 하나님께서 우리의 믿음에 합당한 대가–구원 이나 축복–를 주시지 않더라도 개의치 않겠다. 설령 그렇더라도 하나 님의 살아계심과 참되심에는 변함이 없다."

"참된 믿음은 고통으로부터의 구원의 여부와 상관없는 것이다. 하나 님은 인간의 고난과 그에 대한 질문 위에 계신 하나님이시다!"

다니엘과 그의 세 친구들의 신앙은 이와 같은 신앙이다. 그들의 신 앙은 고난 속에 핀 아름다운 꽃이라 할 수 있다.

신앙은 고난의 나무에서 자란다. 다니엘과 그의 세 친구가 결과적으 로 경험한 고난으로부터의 구원이 곧 형통 아니냐고 애써 우겨대지 말 라! 형통이 없어도 그들과 하나님 사이의 살아있는 인격적인 교제에는 흠이 없다. 오히려 고난으로 말미암아 인격적인 사귐은 더 깊어졌다.

우리 역시 한 가지다. 비록 형통이 없는 고난의 삶이라도 하나님을 신뢰하고 의지하며 믿음의 삶을 연명하고 있다면 말이다. 고난으로 말 미암아 우리와 하나님과의 인격적인 사귐은 더 깊어질 수 있다.

형통보다 높은 것이 순종이라고 생각해 본 적이 있는가?

예수 그리스도를 기업의 사장으로 삼아 10의 6조를 복음선교를 위해

---

145) 단. 3:16 하반절– 18.

하나님께 드리고 나머지로 기업을 운영하는 경건한 하나님의 사람 스탠리 탬(Stanley Tam)은 형통과 형통에 따른 풍부함보다 그리스도인에게 더 소중한 것은 순종이라고 말한다:

> 순종은 그리스도인의 삶의 핵심과 주변, 즉 전부인 것이다! 이와 반대로 단지 나의 육신적인 욕구를 채우기 위한 풍요로움의 추구는 주제넘은 불순종이다.[146]

우리는 은연중에 하나님을 위해서라기보다는 우리 자신을 위해서, 하나님의 뜻보다는 우리 자신의 욕망 충족을 위해 형통을 구할 수 있다.

구원론의 진수라고 부르는 로마서의 서론과 결론의 강조점은 순종이다. 하나님께서 우리를 부르신 궁극적인 뜻과 목적은 형통하는 자녀가 아니라 "순종하는 자녀"를 삼기 위함이다.[147] 그리고 순종은 단순히 말씀에 대한 순종뿐 아니라 고난과 고통의 삶까지도 믿음으로 받아들이는 순종이다.

그리스도인들에게 형통보다 더 중요한 것은 순종이다. 순종은 형통만이 아니라 고난과 고통까지도 믿음으로 받아들이는 영적 능력이다.

하나님의 은혜의 복음을 위해 핍박당하고 죽음의 고난을 당한 사도들 역시 형통과는 거리가 먼 사람들이었다. 프로스트(H.W. Frost)가 쓴

---

146) 스탠리 탬. 「하나님의 회초리」성미영 역(서울: 세복, 2000), p. 62. 그의 또 다른 처음 저서인 「하나님이 내 사업을 소유하시다」를 읽으시기를 적극 권한다. 이 책에는 그의 신앙관 인생관 우주관이 다 들어 있다.

147) 롬. 1:5, 16:26.

「기적적인 치유」Miraculous Healing를 인용한 휴 홉킨슨은 다음과 같이 쓰고 있다.

> 마태는 에티오피아에서 칼로 죽임을 당했다. 마가도 알렉산드리아에서 질질 끌려 죽었다. 누가는 그리스에서 올리브 나무 위에 달려 죽었다. 요한은 끓는 기름 가마솥에 던져졌으나 죽지 않았기 때문에 밧모 섬으로 추방당했다. 베드로는 로마에서 십자가에 거꾸로 달려 죽었다. 야고보는 성전 꼭대기에서 밀쳐 떨어뜨린 후 밑에서 매맞아 죽었다. 빌립은 브리기아에서 기둥에 걸려 죽었다. 바돌로 산 채로 가죽을 벗김 당했다. 안드레는 십자가에 묶여서 박해자들에게 복음을 전하다 죽었다. 도마는 인도의 코로만델에서 창에 찔려 죽었다. 유다는 화살에 맞아 죽었다. 맛디아는 살로니카에서 유대인들에게 돌에 맞아 죽었다. 바울은 목 잘려 죽었다[148]

형통 의식이나 거부(巨富) 의식을 갖지 못해 가난과 그로 말미암는 고난의 회로에서 몸부림 한 것이 아니라, 하나님께서 숨겨두신 보화를 찾기 위해 고난의 회로 안에 있는 신자들이 많다.

> 그러나 하나님께서 세상의 미련한 것들을 택하사 지혜 있는 자들을 부끄럽게 하려 하시고, 세상의 약한 것들을 택하사 강한 것들을 부끄럽게 하려 하시며 하나님께서 세상의 천한 것들과 멸시받는 것들과 없는 것들을 택하사 있는 것들을 폐하려하시나니, 이는 아무

---

148) 휴 홉킨스. p. 152.

육체라도 하나님 앞에서 자랑하지 못하게 하려 하심이라[149]

헬무트 틸리케는 "말구유와 십자가, 이 둘은 같은 나무의 두 면이요 같은 조각일 뿐이다."라고 말했다. 둘 다 고난의 상징과 실재이지만, 그 고난 속에는 찬란한 승리가 내포되어 있다.

형통치 않은 자, 부자가 아닌 자는 하나님으로부터 버림받은 자가 아니라, 오히려 하나님의 축복의 계획안에 있는 자다.

오늘 기독교 신앙의 테두리 안에 있는 우리에게 큰 문제가 있다면, 그것은 성취 신화(Accomplishment Mythology)나 번영 신학(Prosperity Theology), 곧 신자는 모두 복을 받아야 하고, 항상 행복해야 하고, 하는 일이 무슨 일이든 잘 되어야 한다는 인간이 만들어 낸 신화나 신학을 맹종하고 있는 것이다. 우리가 이미 아는 대로, 그리스도교는 십자가의 종교, 곧 고난의 종교다. 십자가가 중심이 되지 않은 신앙과 신학은 결국 사단이 쳐 놓은 위험천만한 덫일 뿐이다.

**[물음5] 내가 고난당할 때 하나님은 뭘 하시는가?**

어느 날 나는 꿈을 꾸었노라

꿈속에서 주님과 함께 어느 해변 가를 걷는

그 해변 모래 위에 있는

두개의 발자욱을 보았노라

하나는 나의 것

---

149) 고전. 1:27-29.

그리고 나머지 하나는 주님의 것.

내 인생 길을
주님은 나와 함께 걸으셨노라.

그런데
내 인생에 가장 힘들고 지칠 때
가장 주님을 필요로 한 때에
모래 위에는 한 사람의 발자국만 있었노라.

나는 주님께 물었노라.
그 때 주님은 어디 계셨느냐고.

주님은 대답하셨노라.
사랑하는 내 아들아
저 발자국은 나의 발자국이니라
네가 지쳐서 걸을 수 없을 때
내가 너를 등에 업고 걸었노라.

우리가 고난당할 때 하나님은 어디서 뭘 하시는 걸까?
'모래 위의 발자국'이란 시에서처럼, 과연 주님은 우리가 가장 괴롭
고 힘든 고난의 터널을 통과할 때 우리와 함께 하시는 것일까? 만일 사
랑의 하나님이시라면 그분의 자녀인 내가 고난을 당할 때 그분은 도대

체 어디서 뭘 하고 계신 걸까?

'하나님이여! 미국을 축복하소서'(God Bless America)라는 노래를 부른 케이트 스미스라는 가수가 있다. 그녀는 언제나 자신감이 넘치고 확신을 가지고 사는 사람처럼 보였다. 그래서 어느 날 기자가 질문을 했다: "어떻게 당신은 언제나 자신감이 넘치고 확신에 차서 살 수 있습니까? 그 비결을 좀 가르쳐 주십시오".

"어느 날 제가 제 친구들과 함께 보트 놀이를 하다가 그만 썰물에 밀려 바다 한가운데로 나가고 말았습니다. 바다는 점점 어두워 오고 파도는 높은데 어떻게 해야 할지를 몰랐습니다. 그때 우리는 두세 사람이 모여 기도하는 곳에 내가 함께 하겠다는 주님의 말씀을 붙들고 셋이서 머리를 맞대고 간절히 기도했습니다. 한참을 열심히 기도하고 있는데 저 멀리서 불빛이 점점 다가오더니 큰 배가 우리를 구조하였습니다. 그때부터 저는 하나님께서 저와 함께 계시는 것을 확신하였습니다. 그 확신이 저를 이렇게 자신 있게 살게 합니다. 고통의 순간에도 하나님은 나와 함께 하셨습니다."

무명의 "모래 위의 발자국" 시인과 케이트 스미스가 고백한 것처럼, 과연 하나님은 우리가 고난당할 때 우리에게서 멀리 떨어져 계시지 않고 우리와 함께 계시는 분일까? 적어도 고난당하는 욥의 눈에 하나님은 보이지 않았다:

그런데 내가 앞으로 가도 그가 아니 계시고, 뒤로 가도 보이지 아

니하며, 그가 왼편에서 일하시나 내가 만날 수 없고, 그가 오른편으로 돌이키시나 뵈올 수 없구나[150]

그렇다면, 눈에 보이지 않는다고 해서 하나님이 우리와 함께 계시지 않는다고 단언할 수 있을까?

비록 눈에 보이지는 않을지라도, 하나님은 고난당하는 우리 곁에 와 계신다. 아니 더 적극적으로 하나님은 고난당하는 자와 함께 고난을 당하는 하나님이시다. 고난자가 당하는 고통이 아무리 크더라도, 하나님 자신은 보다 더 큰 고난을 당하신다.[151]

하나님은 고난당하는 하나님이시다. 그 이유는 하나님은 긍휼한 하나님(the compassionate God)[152]이시기 때문이다.

히브리어 "긍휼"은 '하나님의 자궁'(the Womb of God)이란 뜻이다. 하나님의 사랑과 긍휼은 하나님의 자궁에서 나온다. 여인의 자궁은 생명의 모태(matrix)다. 그러므로 여인은 자신의 자궁에서 난 자식을 긍휼히 여긴다. 그 무엇도 자식에 대한 어머니의 사랑을 끊을 수 없다. 왜냐하면 자식은 자신의 분신이기 때문이다. 그래서 이사야는 마치 자식을 끔찍이 사랑하는 어머니가 자신의 자궁에서 난 자식을 자신의 따뜻한 품에 끌어안는 것처럼 하나님의 끊임없는 사랑, 하나님의 따뜻한

---

150) 욥. 23;8-9.

151) 휴 홉킨스, p. 23.

152) 사.3:12("나는 긍휼이 있는 자라"). 렘애.3:22("여호와의 자비와 긍휼이 무궁하시므로") 등. 프란시스 드살레(Francis de Sales)는 "우리가 자신의 고통을 철저하게 깨달아갈수록 하나님의 선하심과 자비하심(긍휼)에 대한 확신은 더욱 깊어질 것이다. 왜냐하면 자비(긍휼)와 고통은 상당히 긴밀하게 연결되어 있어 서로 관련되지 않으면 둘 중 어느 것 하나라도 실행될 수 없기 때문이다"라고 말하면서 고통을 하나님의 근본적이고 깊고 신비한 성품과 본질에 도달하게 하는 것으로 말하고 있다. 필립 얀시, 같은 책, 297-8.

사랑을 노래한다.

> 여인이 어찌 그 젖 먹는 자식을 잊겠으며 자기 태에서 난 아들을
> 긍휼히 여기지 않겠느냐. 그들은 혹시 잊을찌라도 나는 너를 잊지
> 아니할 것이라[153]

사도 바울 역시 변치 않는, 변할 수도 없는 하나님의 영원불변한 사랑을 말한다:

> 내가 확신하노니 사망이나 생명이나 천사들이나 권세자들이나
> 현재 일이나 장래 일이나 능력이나 높음이나 깊음이나 다른 아무
> 피조물이라도 우리를 우리 주 그리스도 예수 안에 있는 하나님의
> 사랑에서 끊을 수 없으리라.[154]

어머니는 늘 사랑하는 자식 곁에 계신 분이지만, 자신이 사랑하는 자식이 아플 때나 고난당할 때 더더욱 사랑하는 자식 곁에 와 계신다. 어머니는 자식의 고통을 자신의 고통으로 받아들인다. 그래서 함께 아파한다. 자식의 고통은 곧 어머니 자신의 고통이다.

필자가 목회 선상에서 전혀 예상치 못한 애매한 고통을 당할 때, 나와 한 몸인 아내가 고통 속에 "별을 보며"라는 시를 썼다. 아내는 아마 시로 고통을 승화하려 했던 것 같다.

---

153) 사. 49:15.
154) 롬.8:38–39.

고개가 아프도록
별을 올려다 본 날은
꿈에도 별을 봅니다.

반짝이는 별을 보면
반짝이는 기쁨이
내 마음의 하늘에도
쏟아져 내립니다.

많은 친구들과 어울려 살면서도
혼자일 줄 아는 별
조용히 기도하는 모습으로
제 자리를 지키는 별.

나도 별처럼 살고 싶습니다.

얼굴은 작아보여도
마음은 크고 넉넉한 별
먼 데까지 많은 이들을 비추어주는
나의 하늘 별 친구 별.

나도 날마다
별처럼 고운 마음

반짝이는 마음으로 살고 싶습니다.

하라사끼 모모꼬는 고난 속에서, 고난을 통해 하나님의 진실을 배울 수 있다고 말했다. 그러면 하나님의 진실이란 무엇일까? 그것은 하나님은 고난 가운데 처해 있는 우리와 함께하시는 분이라는 게 아닐까? 우리와 함께 계실 뿐 아니라 함께 고통을 겪는 하나님이라는 게 아닐까? 만일 그리스도인이 풀무불과 같은 시련을 당한다면, 비록 하나님이 건져내시지는 않을 수도 있지만, 분명한 것은 그분이 우리와 함께 불속을 걸어가신다는 것이다.[155]

하나님이 고난 가운데 있는 우리와 함께하신다는 것은, 하나님은 고난의 하나님(God of Suffering)이라는 뜻이다. 그런 면에서 고난은 본래 하나님의 것이다.

> 고난은 본시 하나님의 것. 그 고난 속에서 비로소 깨닫게 되는 하나님의 은혜. 예수의 생명. 고난을 받을 때야말로 하나님의 진실을 배우는 기회이다.[156]

고난은 우리를 하나님과 멀어지게 하는 것이 결코 아니다. 오히려 우리를 하나님의 깊이로 이끄는 안내자다. 우리 곁에 와 계신 긍휼과 사랑의 하나님을 느끼게 하는 인도자이다. 우리가 고난당할 때 하나님은 우리 곁에, 우리 안에 와 계신 어머니 같은 분이시다. 니사의 성 그

---

155) 헤럴드 스미스. 「야베스의 축복 원리」조재광 역(서울: 생명의 말씀사, 2001), p. 109.
156) 하라사끼 모모꼬. p. 92.

레고리(St. Gregory of Nyssa)는 "고통당하는 영혼은 하나님과 가까이 있다"[157]고 말했다

### [물음6] 하나님 없는 신앙은 가능한가?: 대가를 바라지 않는 신앙

[하나님 없는 신앙은 가능할까?]

하나님을 믿음에도 불구하고 믿음에 대한 보상이 없을 경우, 헌신과 봉사에 대해 아무런 보상이 없을 경우라도 그 하나님을 변치 않고 믿을 수 있을까? 또한 나의 믿음과는 상관없이 나를 고통과 죽음에 방치하시더라도 그렇게 하시는 하나님의 섭리를 받아들이고 신뢰하며 지속적인 인격적 관계를 유지할 수 있을까? 나 자신과 나의 요구를 포기할 수 있을까? 하나님을 "왜"라는 질문 위에 계신 분으로 모실 수 있을까?

[대가를 바라지 않는 신앙은 가능할까?]

믿음의 역사를 파헤쳐보면, 고난과 고통 없이 산 믿음의 사람들보다는 고난 속에 있었던 사람들, 고난 가운데 부르짖었으나 응답 받지 못한 믿음의 사람들, 자신들의 신앙에 대해 아무런 보상을 받지 못한 사람들이 받은 사람들보다 하늘의 별처럼 많으리라 생각한다.

기독교 신앙은 대가를 바라는 신앙이 아니다. 만일 대가를 바라며 하나님을 믿는다면 그것은 바른 신앙이 아니다. 나의 존재와 고난과 고통, 죽음까지 포함한 삶 전체를 하나님의 섭리로 믿고 받아들이는 것이 올바른 기독교 신앙이다.

---

157) 존 샌포드, 「융 심리학과 치유」 심상영 역(서울: 한국심층심리연구소, 2010). p, 23.

시간, 물질, 정성 등 하나님께 드리는 것을 위시한 모든 봉사와 헌신은 구원과 보존의 은혜에 대한 감사의 표현이지 결코 장사치들이나 투기꾼들이 하는 것과 같은 흥정이나 투자가 될 수 없다. 슬랏 머신에 집어넣는 투기가 아니다.

예를 들어, 바나바는 모든 재산을 바친 후 남은 생애를 가난하게 살았다. 그는 더 많은 물질적인 보상을 기대하고 그렇게 하지 않았다. 히브리서 기자는 믿음의 삶을 살았던 신앙의 선배들이 받았던 고난을 말한다:

악형을 받되 구차히 면하지 아니하였으며 또 어떤 이들은 희롱과 채찍질뿐 아니라 결박과 옥에 갇히는 시험도 받았으며...돌로 치는 것과 톱으로 켜는 것과 시험과 칼에 죽는 것을 당하고 양과 염소의 가죽을 입고 유리하여 궁핍과 환난과 학대를 받았으니 이런 사람은 세상이 감당치 못하도다. 저희가 광야와 산중과 암혈과 토굴에 유리하였느니라[158]

## 17. 영혼의 연금술: 자기변형

스콧은, "한 인간의 위대함을 측정할 수 있는 척도는 바로 그가 얼마나 고통을 감수할 수 있는가에 있다"[159]고 말했다. 이 말을 크리스챤인 우리에게 적용한다면, 한 그리스도인의 위대함은 그 또는 그녀가 고통

---

158) 히. 11: 35-38.
159) 스콧, 86.

을 어떻게 받아들이며 활용하는가에 달려있다고 말할 수 있다.

고대로부터 전해 온 연금술(Alchemy)은 우리에게 시사하는 바가 크다. 연금술사는 연금술로 광물을 금으로 변환시켰다. 그런데 의미심장한 것은 연금술사가 광물을 금으로 변환시키는 과정에 자신이 변화(transformation)되는 것이다.

하나님은 우리의 영혼의 연금술사이시다. 우리의 옛 사람을 그리스도 안에서 고통이라는 촉매를 통해 온전하고 신비한 존재로 변형시키시는 영혼의 연금술사이시다. 연금술사가 금으로 변환해가는 광물질을 바라보는 가운데 변환되는 것처럼, 우리는 하나님의 사랑 안에서 고통의 용광로를 통과하는 과정에 금으로 변환되는 것이다. 고통에 의해 촉발된 열기가 없으면 나의 외형적 가면(mask)인 페르조나(persona)의 납은 결코 금으로 결코 변형될 수 없다.

결론적으로 말하면, 그리스도교 신앙의 중심에는 고통당하는 그리스도의 수난(the passion of the passionate Christ)이 놓여 있다.[160] 십자가에 달리신 그리스도는 고통당하는 그리스도였다. 그리스도는 수난과 십자가에서 죽는 죽음의 고통의 잔을 앞에 놓고 피하려하지 않으셨다. 평소에 친밀하게 교제하시고 부르시던 "아바" 하나님(막. 14:36, 롬. 8:15, 갈. 4:6)이 고통의 잔을 거두어들이지 않으셔도, 순종에 대한 대가를 주시지 않으셔도, 고통의 의미를 갖는 것이 허락되지 않을지라도. 그리스도는 십자가에서 죽는 고통의 잔을 기꺼이 받아들이셨다.

신앙 순례의 리더이신 그리스도는 우리로 하여금 그분의 발자취를

---

160) Jurgen Moltmann, *The Way of Jesus Christ*, trans., Margaret Kohl (NY: HarperSanFrancisco, 1990), p. 151.

따르도록 부르셨다(벧전. 2:21). 그렇다면 우리는 고난과 고통에 대해 던지는 물음에 대한 답변과는 상관없이 그리스도께서 받으신 고난의 길을 묵묵히 따르는 것이 정당하며 그 또한 은혜다.

루터(M. Luther)[161]가 말한 바와 같이, 예수께서 우리를 위해 대신 받으신 고난에는 형벌성(the penal character)이 있지만[162] 궁극적으로 그분이 십자가 위에서 받은 고통은 우리의 고난에 참여하여 함께 겪는 고통이다. 그분의 십자가는 하나님의 십자가이며, 십자가에 못 박힌 그리스도는 십자가에 못 박힌 하나님(Deus crucifixus)이시다.

몰트만은 그리스도의 고통은 우주적 차원의 고통이라고 말한다.[163] 다시 말해, 그리스도의 고통은 모든 피조물의 고통이며, 우리의 고통을 골고다의 '십자가의 고통'과 한데 묶는 고통이다.[164] 이 신비적이며 묵시적인[165] 그리스도의 수난과 고통은 우리가 당하는 고난과 고통의 의미를 푸는 열쇠다.

내가 받는 지금의 고난과 고통이 그리스도가 받으신 그것과 하나라고 하는 신비! 나를 위해 먼저 고난당하신 그리스도가 지금 내가 겪는 고난과 고통에 참여(the divine co-suffering)하여 함께 고통당하는 이 신비한 연합! 이것이 고난의 물음 앞에 서 있는 우리의 물음에 대한 궁

---

161) 루터는 하나님의 수난 문제에 대해 언급한 최초의 주요 신학자였다. Andrew Sung Park, *The Wounded Heart of God*(Nashiville: Abingdon Press, 1993), p. 114.

162) Wolfhart Pannenberg, *Jesus-God and Man*, trans. Lewis L. Wilkins & Duane A. Priebe(Piladelphia: The Westminster Press, 1977), p. 278.

163) Ibid., p.152.

164) Ibid. p. 155.

165) 몰트만은, 그리스도의 고난이 그리스도 자신만을 위한 것이 아니라 온 인류를 위한 고난이기 때문에 "묵시적"이라는 말을 사용하였다. 참조. 같은 책, 153. 몰트만은, 하나님 나라에 관한 메시야적 메시지에 의해서뿐 아니라 부활 사건에 의해 묵시적 빛이 '그리스도의 고통 위에 비추었다'라고 말한다.

극적인 해답이 아닐까?

> 이를 위하여 너희가 부르심을 입었으니 그리스도도 너희를 위하여 고난을 받으사 너희에게 본을 끼쳐 그 자취를 따라오게 하려 하셨느니라(벧전. 2:21).

성경 말씀은 고난과 고통 없이 형통한 자가 하늘나라 가까이에 있다고 말씀하지 않는다. 특히 예수님의 산상수훈 가운데 팔복은 하늘나라 가까이 있는 자들은 이 땅 위에서 형통한 자들이 아님을 말한다. "성경은 항상 가난한 자, 주린 자, 빼앗긴 자가 하늘나라 가까이에 있는 것으로 묘사한다."[166]

나의 고난과 고통에 동참하여 나와 함께 고통 하는 그리스도! 이는 빅터 프랭클이 한 말대로 "인간의 실존이 높이 오를 수 있는 최후의 사랑, 최고의 사랑 그리고 사랑에 의한, 사랑 속의 피조물의 구원"[167]이 아닐까?

부활하신 그리스도는 궁극적으로 신자의 삶과 죽음에 대한 해답일 뿐만 아니라 행복과 고난에 대한 해답이기도 하다. 그런 의미에서 그리스도는 신자의 희망이다.

---

166) 제임스 롱. 「내가 주님을 가장 필요로 할 때에 주님은 왜 침묵하십니까?」박동남 역(서울: 나침판사, 1996), p. 157.
167) 빅터 프랭클. 「극한 상황 속의 인간심리분석」심일섭 역(서울; 도서출판 한글, 1996), p. 67.

# 18) 악을 다룸

존 센포드는 말한다.

구약성경에서 사탄이 조금 밖에 언급되지 않는 것은, 구약성경에서 야훼만이 악에 대해 책임이 있기 때문이며, 그런 이유로 악마의 형상이 따로 필요치 않았던 것이다. 고대 이스라엘 사람들은 하나님을 선과 악의 창시자로 믿었는데, 구약성경에는 이것을 입증하는 예가 많다. 예컨대 아모스 3장6절에는 "어느 성읍에 재앙(evil)이 덮치면, 그것은 주께서 하시는 일이 아니겠느냐?"라고 기록 되어 있고, 이사야서 45장5~7절에는 "나는 주다. 나 밖에 다른 이가 없다...나는 빛도 만들고 어둠도 창조하며,. 평안도 주고 재앙(evil)도 일으킨다. 나 주가 이 모든 일을 한다"라고 기록되어 있다.[168]

예수께서 등장하실 때까지 당시의 바리새파 사람들과 일반 대중은 선한 영과 악한 영들의 완벽한 위계질서가 존재하며, 사탄이 후자의 우두머리 역할을 한다고 확신하고 있었다. 사탄으로 불린 것은 35회이고 디아볼로스(disbolos)나 악마로 불린 것은 37회이며, 원수(enemy)로 불린 것은 여러 번이고, 바알세불로 불린 것은 7회였다. 디아블로스는 그리스어로 사탄의 동의어로 사용되었다. 그것은 "맞은편으로 던진다"인데, 우리의 전진을 방해하기 위해 우리의 앞길에다 무엇을 던진다는

---

168) 존 센포드. 「융 심리학. 악, 그림자」심상영 역(서울: 한국심층심리연구소, 2010), p. 55. 참조: 삼상18:10 "하나님이 보내신 악한 영이 사울에게 내리덮쳤다" 야훼는 대극의 총화totality 이기 때문에 선과 악을 포함하여 모든 것이 그분으로부터 나왔다.

것이다. 명사형으로 쓰일 때, 디아볼로스는 고발자 혹은 대적자로 번역된다.

악에 관한 한, 악을 긍정적으로 보는 견해가 있었다. 예를 들자면, 오리겐의 관점은 "악을 보는 일원론적 관점"(monistic concept of evil)이라 할 수 있는데, 하나님이 자신의 목적을 위해 악마와 악의 존재를 허락하셨으며, 그 목적이 완수되면 악마의 필요성이 없어지고 악이 선의 편에 흡수될 것이라는 뜻이다.[169]

괴테의 위대한 시극(詩劇)인 「파우스트」Faust에서 메피스토펠레스는 다음과 같이 투덜거린다: "내가 없어봐요. 이 세상에 아무 일도 일어나지 않을 테니. 그런데도 사람들은 나를 고맙게 생각하지 않아요." "당신은 누구입니까?" 하고 파우스트가 묻자, "나는 악을 행하되 영원히 선을 만들어내는 힘의 일부랍니다" 라고 메피스토펠레스가 대답한다.

그러나 악에 대해 사유하던 초대교회 안에 다른 입장이 등장했다. 이것은 결국 적 그리스도(Anti-Christ)로 나타났다. 빅터 마아크는, "적 그리스도론은 예수의 가르침에도 발견되지 않고, 바울 가르침에서도 발견되지 않는다"고 말한다. 그것은 데살로니가후서에 처음 나온다. 계시록에서 한편으로는 하나님을, 다른 한편으로는 사탄을 만난다. 그리스도는 지상에서 하나님을 대신하여 묵시적 전투를 벌이는 대리자이고, 적그리스도는 사탄의 대리자이다.

요약하면, 신약성경에서 악과 악의 기원, 그리고 하나님의 섭리 안에서 악이 차지하는 위치에 대한 관점은 하나가 아니라 둘이다. 그것은 일원론적 관점인바 이것은 복음서와 예수의 관점이기도 하다. 두

---

169) 존 센포드. p. 75

번째 관점은 사탄과 악이 하나님의 섭리 속에서 아무 역할도 하지 못하는 철저한 이원론이다.

적 그리스도론은 악이 구원받을 수 있다는 생각, 악이 하나님의 궁극 계획 속에 약간의 자리라도 차지한다는 생각을 거부하였다. 복음서에서 악마는 하나님의 묵인을 받고서 자신의 일을 하러 떠돌아다니는 것으로 묘사되었다. 그러나 계시록에서는 사탄과 적그리스도가 하나님의 목적과는 무관하다.

신약성경에서는 세상에 악을 제거하기 위해 어떤 시도도 하지 않으신다. 하지만 예수는 악의 존재에 대해 어떤 설명도 하지 않음과 동시에, 만일 사람이 악의 힘에 굴복하면, 그것이야말로 그 자신에게 재앙이 될 것임을 밝힌다.


지금까지 인간의 죄와 타락, 구원, 그리고 그 이후의 죄와 죄책의 문제와 더불어 인간내면의 상처에 대해 고찰하면서, 영성형성과 관련된 몇 가지 주제를 다루었다.  이제는 한 걸음 나아가 크리스챤의 순례를 생각하고자 한다.

크리스챤은 내면으로 부름받았다. 크리스챤 역사에서 수도원 영성은 주로 "위로 상승"하는 영성을 추구했지만, 어거스틴은 크리스챤은 내면으로 부름받은 존재이며, 안으로 들어가는 것이 곧 위로 상승하는 것이라고 말했다. 예수도 "천국은 네 안에 있다"고 말씀하시지 않았는가? 그러므로 진정한 자기( true and authentic Self)를 찾는 크리스챤, 내면 깊이에서 그리스도와 연합을 이루는 것을 추구하는 신앙의 순례자는 내면으로의 여행, 곧 영적 순례에 힘쓸 것이다.

# 제5장. 내 안의 천국을 찾아서

천국에 이르는 사다리는 여러분 자신의 영혼 속에 감추어져 있다.
죄로부터 도망쳐서 여러분 자신 안으로 뛰어들어라.
그러면 여러분의 영혼 속에서
위로 올라갈 수 있는 계단을 발견하게 될 것이다.

-수리아의 성 이삭-

# 제5장
# 내 안의 천국을 찾아서

우리는 우리 자신의 내면으로 부름을 받았다. 그러므로 자신의 내면과 내면의 요구를 등한시하고 살아간다면, 그리스도의 이름으로 외형적으로 아무리 많은 일을 하고 큰 업적을 쌓는다 하더라도 이는 하나님의 부르심에 역행하는 것이다.

필자는 달란트 비유를 외형적으로 남긴 업적과만 관련을 짓는 데 찬성하지 않는다. 물론 맡은 사명에 충실하여 열매를 맺어야 하겠지만, 일차적으로 열매를 맺어야 할 부분 혹은 사명은 자신의 내면을 돌보는 일(Care of the Soul)이다. 주인으로부터 다섯 달란트와 두 달란트를 받은 종은 자신의 내면을 잘 가꾸었지만, 한 달란트 받은 종은 자신의 내면을 가구는 일을 소홀히 했다. 그래서 전자는 외면적을 열매를 많이 맺었지만, 후자는 아무런 열매도 맺지 못했다. 내면이 가꾸어지지 않았는데 어찌 외면적으로 열매를 맺을 수 있겠는가?

그러므로 우리가 해야 할 급선무는 깨어진 속사람 (brokenness) 혹은 내면을 재통합(reintegration)하여 온전(wholeness)에 이르는 것이다. 그리고 재통합을 이루어 온전에 이르는 길은 내면의 천국을 찾는 일이다. 그러므로 우리는 "천국은 너희 안에 있느니라"는 예수의 말씀을

"먼저 너희 안에 있는 천국을 찾는 일에 우선하라"는 명령으로 받아들여야 할 것이다.

이 말씀에 비추어보면, 오늘 우리 문화는, 심지어 크리스챤 문화까지도, 외면적인 성공과 업적을 중시하며 치하하는 왜곡된 영성의 길을 은연중 강요하고 있음을 부인할 수 없다. 그리고 대체적으로 그래야만 성공적인 그리스도인으로 인정을 받을 수 있다. 그러다보니 너도 나도 모두가 그 길에 모든 에너지와 인생을 투자한다. 외면적인 성공이나 업적을 나타내 보이지 않으면 그 사람을 은연 중 무시한다. 그리스도께서 가르쳐 주신 참된 영성의 길은 먼저 우리 자신 안에 감추어진 천국을 찾는 일인데도 말이다.

그러면 우리 내면의 천국을 찾는 길은 무엇일까?

우선 이 문제를 다루기 전에 몇 사람이 제안하는 이론과 경험을 살펴보는 것이 도움 될 것이다.

## 1. 로버트 블라이의 '철의 요한'

로버트 블라이(Robert Bly)는 그의 저서 「남자만의 고독」Iron John에서 연못 속에 누워있는 야성인(野性人) '철의 요한(Iron John)'을 그리고 있다. 필자가 보기에 야성인 철의 요한 역시 앞에서 살핀 로버트 무어가 말한 네 가지 원형들처럼 진정한 자기(True Self)를 예표한다.

요약하면 이야기는 이렇다:

평소에는 연못 속에 누워있기 때문에 아무에게서도 발견되지 않는

이 원형(Archetype)으로서의 야성인 '철의 요한'은 나중에 연못의 물을 퍼내고 그를 발견한 사람들에게 묶임을 당하여 왕의 손에 넘겨지고 결국은 철장 안에 갇히게 된다. 그러나 왕과 군사들을 위시한 모든 백성들은 그의 정체를 알지 못한다.

야성인 '철의 요한'은 어머니 배게 밑에 숨겨진 열쇠를 찾다가 자기를 철장에서 자유케 해 준 왕의 아들을 도와서 그를 진정한 자기로 성숙하는 데 도움을 준다. 사실, '철의 요한'은 왕의 소년 안에 누워 있으나 발견되지 않은 소년의 원형이었다. 뿐만 아니라 모든 인간 내면에 드러누워 있는 자기(The Self)의 원형이다. 왕의 아들은 지금까지 저기 안에 자기의 원형인 이 철의 요한을 의식하지 못하고 있었다. 그것은 비단 그뿐만 아니라 우리들의 문제이기도 한다. 우리 모두는 우리 내면에 있는 원형인 이 야성인 '철의 요한'을 인식하지 못하고 있으며, 또한 자기 인격에 재통합(Reintegration)을 하지 못하고 있는 것뿐이다.

자신의 원형인 야성인 '철의 요한'을 직면하기 위해서 소년은 수많은 위험과 상처를 무릅쓰듯이[1] 진정한 자기 곧 원형을 발견하기 위해서는 영혼의 어둔 밤을 지나는 영혼의 순례 의례(Passage of Spiritual Pilgrimage)를 거쳐야 한다.

## 2. 멀치아 일리아데의 '성과 속'

멀치아 일리아데(Mircea Eliade)에 의하면, 종교인들은 항상 그의 거처를 성(聖/Sacred)이 발현(Hierophany)되는 "세계의 중심"에 고정시키

---

1) 이 과정을 통과의례(Rite of Passage)라 부른다.

려 한다.[2] 야곱의 이야기[3]에 등장하는 "천국의 문"은 바로 성(聖)이 발현되는 장소이며, 이는 한 존재가 다른 존재로 변화되는 역설적인 변화점(paradoxical point of passage)이다.[4] 종교인들은 성스러운 장소에서 살고자 하는 갈망을 가진다.

우리는 흔히 돌탑을 본다. 유명한 장소일수록 더욱 그렇다. 자신이 돌탑 쌓기를 시작하거나 아니면 길을 가다가 누군가가 쌓기 시작한 돌탑에 돌을 올려놓는다. 그래서 높은 탑이 만들어진다. 이 또한 돌탑을 우주의 중심으로 삼는, 아니 성(聖)이 발현한 곳에 자신을 우주의 중심으로 삼으려는 시도다.

종교학적 측면에서 본다면-그리스도교는 종교 이상이다- 골고다에 세워진 그리스도의 십자가 장소 또한 우주의 중심(Axis Mundi)이며 역설적인 변화점이다. 누구든지 그리스도의 십자가에서 십자가에 달린 그리스도, 부활하신 그리스도를 만나면 그/그녀는 새로운 존재(new being)가 된다. 그리스도 안에서 그리스도와 함께 옛 사람(old being)은 죽고 새사람으로 되살아난다. 십자가는 그런 역설적인 변화점이다.

일반 종교인이든 그리스도인이든, 모든 인간이 참 실재인 성스런 장소(The Sacred space)를 추구하는 것은 원형적인 존재로 회복하고자 하

---

2) Mircea Eliade. *The Sacred and The Profane*(San Diego. New York. London: A Harvest Book, 1987). p. 22. 여기서 인간은 "나는 세상의 중심navel이다"라고 외치려 한다. 예수의 변형이 있었던 변화산 다볼Mount Tabor도 우주의 중심navel(삿. 9:37)이며, 그리심의 '야곱의 우물Fountain of Jacob도 역시 우주의 중심이다. 크리스챤들에게 골고다는 우주의 중심이다. Mircea Eliade. *The Myth of Eternal Return*(New York Princeton University Press:. 1991), p. 14.

3) 창. 28:12-19. 야곱이 이스라엘로 변화transformation되기 시작하는 곳은 '하나님의 집' 이라는 벧엘이다. 그리고 그가 베게하였던 돌은 그 자체가 성스러웠던 까닭은 그 돌의 존재는 성의 발현이었기 때문이다. Mercea Eliade. *The Myth of Eternal Return*. (New York" Princeton University Press:. 1991). p. 4.

4) op.cit., p. 26

는 궁극적인 갈망의 발현이다.

## 3. 아빌라 테레사의 '영혼의 성과 칼 융'

테레사(1515년 스페인의 아빌라에서 출생)의 영성은 주로 관상 기도(comtemplative prayer)에 의한 신인합일, 하나님께 대한 절대적 신앙과 사랑, 그리고 겸손과 사랑 실천 등에 집중했다. 테레사는 그녀기 쓴 책 「영혼의 성」 *Interior Castle*에서 그녀 나름의 독특하고 신비적인 내면의 순례 경험을 기술하고 있다. 그녀는 아래 그림과 같이 관상을 통한 그녀의 독특한 신비적 경험을 여러 가지 이미지들(images)을 사용하여 일곱 개의 궁방(Mansions)으로 묘사한다.

첫 번째 궁방은 자아 인식의 방이다. 삶의 수많은 소리 중에서 하나님의 음성을 들으려는 곳인데, 아직도 세상 것이 그녀의 중심이 되고 있고, 페르조나(persona)와 손잡고 있다. 임금의 빛이 없다.

둘째 궁방에서는 하나님의 부르심이 훨씬 더 직접적으로 들리며 영혼은 변화를 감지한다. 영적 열망(pia desideria)이 필요한 시기이다.

셋째 궁방은 진지한 그리스도교적 삶에 정착하는 시기이다. 이때 기도는 삶에 없어서는 안 될 요소이다. 그리고 기도 효과가 삶의 활동에서 점차 드러난다. 그러나 만일 이 방에 오래 머문다면 위험하다. 불안이 증가되며 기도의 활력이 감소되고 우유부단한 감정이 삶을 통제할 수 있기 때문이다. 그러면 자아의식이 인격을 장악하게 된다.[5] 이때까

5) St. Teresa of Avila. *Interior Castle*(Doubleday: New York, 1961). pp.1-21.

지의 기도는 능동적인 묵상기도(active prayer of meditation)[6]이며, 애써 수원(水原)에서 물통에 물을 끌어오는 것과 같다.

넷째 궁방은 전환기이다. 하나님께서 영혼을 내적 평온의 상태로 인도하시고, 자아의 활동이 최소화 되고 마음은 평정을 맛보게 된다. 그리고 이 단계에서는 자기의 심층과 접촉하게 되고 치료가 일어난다. 넷째 궁방은 관상의 시초이다. 중요한 것은 넷째 궁방에서 일곱 째 궁방에 이르는 기도는 수용적인 관상기도(receptive prayer of contemplation)[7]이다. 즉 능동적으로 하던 기도가 이 단계에서부터는 수동적인 기도로 변한다는 뜻이다. 지금까지는 애써 수원지에서 물을 끌어오는 것과 같았지만, 이제부터는 수원지에 물통을 담근 것과 같다. 이제 물은 자연스럽게 물통에 채워진다.

다섯째 궁방은 관상 기도를 심화하는 시기이다. "영혼이 하나님 안에 있고 하나님이 영혼 안에 있다". 그리스도 안에서 죽고 새로 태어나는 경험을 갖는다.

여섯째 궁방은 영혼의 성에서 가장 긴 부분으로서 하나님과 약혼하는 시기이다. 하나님 경험은 불타는 것과 같으며 다메섹에서 바울이 경험한 것과 같은 황홀한 경험을 한다.

마지막 일곱째 궁방은 하나님과의 결혼 곧 연합하는 단계다.

그녀에 의하면 하나님과의 합일은 반시간도 지속되지 않지만 강력한 효과를 일으킨다:

6) 존 웰치. 「영혼의 순례자들」-칼 융과 아빌라의 테레사(서울: 한국기독교연구소, 2000). p.13.

7) Ibid.

합일이 지속되는 동안 우리는 감각을 잃게 되고  무엇을 생각하려 해도 되지 않는 것입니다. 이 합일이 지속되는 동안 사람은 무엇을 볼 수 없고, 들을 수도 없고, 이해할 수도 없습니다. 하나님은 그런 영혼 안에 깊이 뿌리박고 계시기 때문에 그 사람은 제정신이 돌아온 뒤에도 자기가 하나님 안에 있고 하나님이 자기 안에 계시다는 사실을 의심할 수 없게 됩니다.[8]

일곱째 궁방에서 하나님과 합일한 영혼은 비로소 하나님과 이웃을 사랑하고 섬기는 관상적 삶(contemplative life)을 향해 나아간다.[9] 테레사에 의하면, 어떤 사람이 정말 하나님과 합일을 이루었는지를 시험하려면 그 사람이 형제와 자매를 사랑하며 섬기고 있는지를 보면 된다고 말했다.[10]

관상기도의 1단계에서 하나님과 연합을 이루는 7단계에 이를 경우 자아–자기–축(Ego-Self-Axis)이 완성되었다고 말한다. 이 축이 완성된 자는 자기–세계–축(Self-World-Axis)이 이루어지게 마련이다. 즉 사랑으로 섬기기 위해 세상으로(밖으로) 나아간다.

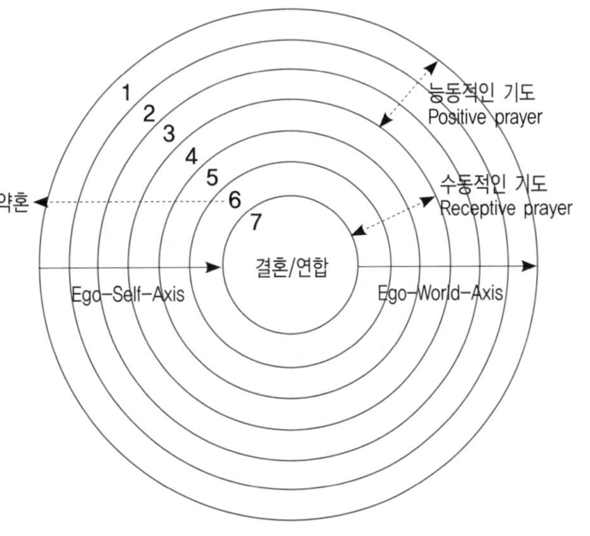


---

8) Ibid., p. 194.
9) St. Teresa of Avila. 1-233.
10) 존 웰치. p. 154.

테레사의 영적 체험을 기술한 도식은 칼 융(Carl Jung)의 개성화 과정(individuation)과 흡사하다. 칼 융에 의하면, 도면에서 보듯이, 우리가 제일 먼저 통합해야 할 것은 페르조나다. 페르조나(persona)는 가면을 뜻한다. 그것은 고대 그리스와 로마의 연극에서 배우가 자신들이 연기하는 배역을 묘사하기 위해 썼던 가면(假面)에서 유래했다. 페르조나는 인격의 일부가 될 수 있고, 페르조나를 통해 우리는 다른 사람에게 우리 자신에 관한 무엇을 표현한다. 그러므로 페르조나는 사회적으로 또 심리적으로 유익한 관계 기능을 한다. 그러나 우리 자신(자기)을 페르조나와 동일시하게 되면 결국 피상적이고 거짓되고 깊이 없는 인격을 갖게 된다. 그렇게 되면 부정직하게 되고, 자기 의를 내세우고, 교만하게 되고, 자비심이 결여되고, 위선적이 되고, 영적으로 경직되는 결과를 초래한다.

한밤중에 예수를 찾아온 초대받지 않은 손님 니고데모는 가면 뒤에 숨어 살았다(요.3장). 바리새인으로서 율법을 철저하게 준수했고, 산헤드린 의원같은 사회적 신분이 높은 그였지만, 그는 자신의 가면 뒤에 숨어 살았다. 니고데모에게 "거듭나야 천국에 들어가리라" 하신 예수의 말씀은 곧 "가면은 네 자신이 아니다. 가면을 벗어던져라. 그래야만 너는 천국에 들어갈 수 있다"는 뜻이기도 하다. 천국에 들어간다는 것은 종말론적인 파루시아(Parusia)에 들어가기 이전에 진정한 자기(authentic Self)를 발견한다는 뜻이다. 앞에서도 언급했지만, 예수 그리스도는 진정한 자기의 원형이시다. 진정한 원형이신 예수 그리스도를 닮는다는 것은 그/그녀 안에 있는 내면의 천국을 발견하는 것이다.

그러므로 우리가 온전한 사람이 되기 위해 우리가 제일 먼저 할 일은 페르조나를 인식하고 통합하는 일이다. 앞에서 언급한 바와 같이, 페르조나는 관계의 사다리로서 필요한 것이지만, 페르조나를 자신으로 생각한다든지 혹은 페르조나에 사로잡히면 신앙 인격은 정지되고 만다.

두 번째 우리가 통합해야 할 것은 그림자(shadow)다. 그림자는 무의식의 열등한 인격이며, 자아의 어두운 면 혹 자아로부터 배척되어 무의식에 억압된 성격 측면 즉 태만, 불성실, 비겁, 탐욕, 책략, 권력, 콤플렉스, 허영심, 명예욕 등이다. 그림자 투사는 인간 상호간의 불신과 반목, 증오와 갈등을 일으키는 계기가 된다. 투사가 하나도 일어나지 않는 인간관계란 없다. 그림자는 종종 신화와 민담과 문학 속에서 그려진다. 우리는 그림자를 억압하거나 자신을 그림자와 지나치게 동일시할 경우, 자아는 굴절되거나 치명적인 결함을 갖게 된다. 자기의 그림자를 보지 않으려는 나머지 그것을 억압하고 마치 그것이 없는듯이 선의 얼굴로 행동하며, 그래서 도덕적으로 완전한 인격체처럼 행동하여 "그림자 없는 사람"을 자처한다면, 그는 결국 자기 자신으로부터 소외된 신경증적 해리 상태에 머물게 된다

그림자가 지나치게 억압되어 있는 사람들은 유머 감각이 결여되기 쉽다. 그런 사람들은 남을 잘 판단하고, 쉽게 용서하지 못한다. 그들은 누가복음 7장 36~50의 이야기에서 평판이 좋지 못한 여인을 경멸한 바리새파 사람들과 같다.[11]

---

11) 존 센포드. p. 98.

그러면 그림자를 어떻게 인식할 수 있을까? 그림자는 주로 투사(projection)에서 그 모습을 드러낸다. 다른 사람을 비판하는 모든 부정적 요소들은 실상 내 안에 있는 그림자가 다른 사람에게 투사된 것이다. 예수는 말씀하셨다:"네 눈의 들보는 보지 못하면서 남의 눈 속의 티를 보고 그/그녀에게 '티를 빼내어라'고 말할 수 있겠느냐?"(마.7:4). 실상 주먹만한 들보가 눈에 붙어있으면 무엇이라도 볼 수 없는 상황이라서 남의 눈의 티를 볼 수 없다. 앞을 보지 못하는 자가 남의 눈의 티를 빼내어주려다가 남의 눈 자체를 망가뜨릴 수 있다. 예수께서 하신 말씀의 뜻은 투사를 멈추라는 것이다. 남에게서 보이는 모든 티는 내 속에 있는 티의 투사다. 그건 바로 내 것이다. 투사를 멈출 때 진정한 영적 성숙이 일어난다.

바울이 말한 "내 안에 있는 죄"는 그림자이다. 그런데 우리는 그림자를 인식하기를 두려워하거나 주저한다. 그렇게 하는 것은 우리의 죄의식 때문이다. 그림자를 인식하게 되면 죄의식이 일어나기 마련이다. 그러나 그림자를 인식하는 것은 의식적인 인격을 발달시키는 데에, 또한 개성화에도 필수적이다. 그것은 개인적인 도덕의 기초다.

그림자의 분석: 무의식의 그림자를 밖으로 투사하였을 때, 그 투사 대상을 향한 자기의 감정을 살펴보면 된다. 투사된 그림자 상을 자기 자신의 것으로 되찾아오는 작업에는 많은 노력과 용기가 필요하다.

세 번째 우리가 통합해야 할 것은 남성 안에 있는 여성상 아니마(Anima)와 여성 안에 있는 남성상 아니무스(Animus)다. 이것들은 남성과 여성의 의식에서 억압된 것만으로 형성되는 것이 아니라 인간의 원초적 조건인 태고원형(archetype)이다.  아니마와 아니무스는 우리의 내적 인격이며, 이는 자아가 내면세계와 관계를 맺는 징검다리 혹은 매개자와 같은 것이다.  어머니가 아니마에 그리고 아버지가 아니무스에 영향을 끼친다.

아니마는 모성적인 에로스이며 남자들은 자신의 약한 아니마에 해당되는 여성에 호감을 느낀다. 즉 내면의 여자가 밖의 배우자에게 투사된 것이다. 또한 아니마는 비합리적 감정이며, 기분(mood)을 만들어내며, 변덕스런 기분, 짜증 섞인 잔소리와 폭발적 감정으로 나타난다. 어떤 사람이 어머니를 부정적으로 체험했다면, 그의 아니마는 흔히 우울한 기분, 짜증, 끝없는 불만과 예민함의 특징을 갖는다. 질병, 발기부전, 사고에 대한 끊임없는 불안은 부정적 아니마로부터 일어난다. 음산한 기분은 자살의 유혹을 강화시킨다.

아니마, 아니무스의 부정적 측면이 노출되면 남녀간에 이권을 둘러싼 투쟁, 부부싸움, 이혼을 둘러싼 싸움이 일어난다. 이럴 경우, 실상 남녀 모두는 자신들 내면에 있는 아니마와 아니무스와 싸우고 있는 것이다.

아니마는 꿈, 상상, 환상 속에 인격화되어 나타난다. 그러므로 아니마와의 대화를 위해서 융은 꿈 해석(dream analysis)과 적극적 명상(active imagination)을 하라고 한다. 아니마의 통합은  특히 중년 이후의 과제로서 중요하다. 만일 중년 이후에도 아니마를 통합하는데 실패한다면  삶에 있어서 생동성, 융통성이 결여되고, 사고(思考)가 경직화되고, 완고해지고, 광신적 일방성에 치우치며, 원칙지상주의에 빠지고, 체념적이 되고, 쉽게 피로감을 느끼고, 주책스러우지고, 무책임 등으로 알코올 남용에 기운다.

아니무스는 여성 안에 있는 태고의 남성 원형이며 아버지가 딸의 아니무스 형성에 영향을 준다.

아니무스는 의견(opinion)을 만들어낸다. 그래서 이는 비융통성, 따지는 버릇, 바가지 긁기, 권력에 대한 충동으로 나타난다. 강한 고집을 가진 여성들은 지나친 확신을 갖고 있기 때문에 자기의 판단이나 행동이 자기 자신에게 의해서 이루어진다고 생각한다. 그러나 그것은 자기도 모르게 일어나는 자기 안의 아니무스의 소행이다. 아니무스에 빠지면 "내가 언제나 옳다"고 생각하는 독선가가 된다.

아니무스를 의식화하면 아니무스는 최고의 가치를 지닌 내적 동반자가 되며, 주도성(initiative), 용기(courage), 그리고 객관성(objectiveness)과 정신적인 투명성(mental clearness)과 같은 긍정적인 남성적 성질을 부여받는다.

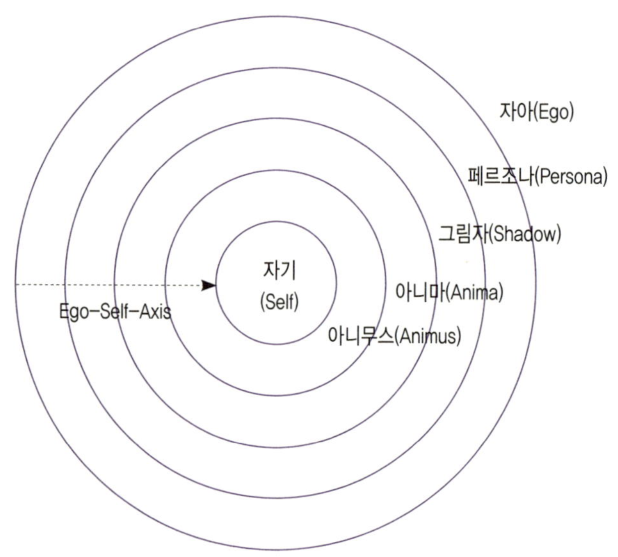

가면(페르조나),그림자, 아니마와 아니무스를 통합한 사람은 진정한 자기에 도달한다. 진정한 자기에 도달한 사람, 즉 개성화(individuation)가 이루어진 사람은 비로소 밖으로 모든 사람과 온전한 관계를 맺을 수 있다.

## 4. 십자가의 성 요한: 영혼의 어둔 밤 –부정의 신비신학(apophatic mysticism)

신비적 영성가인 요한(St. John of the Cross, 1542–1591)의 영성의 핵심은 "어두운 밤"(dark night)이다. 이 개념은 한편으로는 초월자에 대한 인간 지식의 한계성과 무지함을 나타내며, 다른 한 편, 인간의 모든 생각과 감각, 욕망 등의 정지(停止)와 정화(淨化), 곧 자기 부정과 자기 포기이다. 따라서 요한에게 "밤"은 신 인식을 위해 세상적 욕망과 욕구 등을 잠재우고 그것들로부터 자유로와지며, 신에 대한 피상적이고도 물질적인 인식에서 떠나 참된 신적 어두움(신적인 빛은 무지한 인간들에게는 어두움으로 보인다) 속으로 뛰어 들어가는 것이다. 결론적으로, 어두운 밤은 하나님을 향한 움직임의 총체적인 과정을 상징하는 것이다.[12]

---

12) 케테스 리치, 252

## 5. 루터

루터는 천상을 향한 단계적 상승이라는 플라톤적 개념에 대해 의심스러워한다. 왜냐하면 여기서는 십자가에 달린 그리스도를 만날 수 없기 때문이다.[13] 루터가 버나드를 높이 평가한 이유는 그가 십자가의 그리스도와 그 체험을 강조했기 때문이다.[14] 오히려 신비적 그리스도를 통해 루터는 칭의론에서 효율적으로 하나님의 성품에 참여하는 신화(Theosis)의 가능성을 열어놓고 있다.[15]

## 6. 칼빈

칼빈은 신비주의의 존재론적 측면 특히 하나님 안으로의 존재론적 몰입에 대해 가차 없는 비판을 가한다.[16] 칼빈은 하나님 형상의 회복을 기독교인의 영성의 목표로 해석 한다.[17] 그것은 참된 거룩성과 의로움의 회복이다. 기독교인의 영성은 개인적인 차원에서 하나님 앞에서 단지 용서받고 의롭게 된 자로서 끝나는 것이 아니라, 동시에 사회/윤리적으로 정의롭고 성별된 삶을 살도록 부름 받는다.[18]

---

13) 정승훈, p. 28.
14) Ibid. 성 버나드는 그리스도의 신비에 대한 모방이 그의 영성의 중심에 서 있다. 그리스도의 신비에 대한 명상은 하나님의 사랑으로 수립되며 영성생활은 그리스도의 삶이어야 한다.
15) Ibid., p. 29
16) Ibid.
17) Ibid., 39.
18) Ibid., 43.

## 7. 꿈

다음 이야기는 꿈이 갖는 의미를 단적으로 드러내 주는 의미심장한 이야기이다.

신들이 인류를 만들었을 때, 신들은 인간이 찾아야 할 인생에 대한 해답을 어디에 놓을지 논쟁하게 되었다. 한 신이 말하기를, "그 해답을 산 정상에 놓읍시다. 그들은 결코 거기서 그 해답을 찾지 못할 겁니다."

"아닙니다." 다른 신들이 말했다. "그들은 당장 그것을 찾을 겁니다."

또 다른 신이 말했다.

"해답을 지구 중심에 놓읍시다. 그들은 결코 거기서 찾지 못할 겁니다."

"아닙니다." 다른 신들이 말했다. "당장 찾아낼 겁니다."

그러자 또 다른 신이 말했다.

"바다 밑에 놓읍시다. 그들은 결코 거기서 찾아내지 못할 겁니다."

"아닙니다." 다른 신들이 말했다. "당장 찾아낼 겁니다."

침묵이 흘렀다… 잠시 후 다른 신이 말했다.

"인생에 대한 해답을 그들 안에 둡시다. 그들은 결코 해답을 찾지 못할 겁니다." 그리고 신들은 그렇게 했다.[19]

---

19) 프라스 보아. pp.295-296.

꿈(dream)은 하나님께서 우리에게 주신 너무나 소중한 선물[20]이다. 그렇지만, 필자는 소위 '모태' 신자로서 지금까지 천국 순례자로 살아오는 동안 교회에서 한 번도 꿈에 대한 설교나 세미나를 들어 본 적이 없고, 신학대학에서조차 꿈에 대한 이야기나 강좌를 들어 본 적이 없다. 그저 들어 본 것은 "모든 꿈은 아무 쓸모없는 개꿈에 불과하다"는 메시지였고 꿈 이야기를 꺼집어내면 무슨 몹쓸 놈 취급을 받기도 했다.

송(C. S Song)은 "우리의 꿈이 현실이고, 우리가 생각하는 현실이 꿈이다"[21]라고 말 했다. 그만큼 꿈이 소중하다는 것이다.

프라스 보아(Fraser Boa)는 꿈에 대해 다음과 같이 말한다:

꿈은 우리의 신체적, 정신적 에너지를 조절하고 균형을 잡으려고 시도하며, 내면적 부조하와 정서적인 고통의 근본 원인을 드러낼 뿐만 아니라 개인이 지니고 있는 삶의 잠재력을 가르쳐준다. 또한 일상적인 문제에 대한 창의적인 해결책을 제시하며 창조적인 삶의

---

20) 꿈을 하나님의 선물로 간주한 대표적인 사람은 터튤리안(Tertullian)이다. 오리겐(Origen)은, 꿈은 하나님의 섭리라고 해석했다. 5세기의 프톨레마이시 주교 시네시우스(Synesius)는 꿈을 하나님이 주시는 희망, 약속과 보증으로 주장했다. 심리학자 프로이트는 꿈은 "무의식에 이르는 지름길"이라고 말했다. 반면 칼 융에게 있어서 꿈은 완전한 인격발달, 즉 개성화(individuation)를 목표로 무의식이 우리가 가지고 있는 정신적인 문제들의 원인에 대해 우리가 알아야 할 것들을 보여주는 것이다. 다시 말하면, 우리의 의식의 불균형한 상태를 보상하는 자연적인 기능을 가진다. 꿈은 무의식과 의식의 대화를 통해 개성화를 목표한다. 융은 "적극적 상상"을 통해 꿈 상징을 해석한다. 특히 융에 의하면, 꿈은 우리의 원형적 자기the Archetypal Self와 직접 관련이 있다. 꿈속에서 우리는 하나님의 내적 이미지인 원형적 자기의 상징적 이미지를 경험할 수 있다. James Hall, *The Unconscious Christian: The Image of God in Dreams, ed., Daniel J. Meckel*(New York: Paulist Press, 1993. p. 12.

21) C. S. 송.

잠재력에 대한 영감을 준다.[22]

그는 계속해서 우리가 현실적인 삶을 유지하면서 꿈의 세계와 대화할 때 유익하고 치유적(治癒的)이라고 말한다. 로렌스 W 자피 역시 우리가 꿈을 의식적으로 기억해내지 못한다 해도 분명히 꿈은 치료에 도움을 주는 기능을 한다고 말한다.[23] 꿈은 우리의 전체 정신(Psyche)의 중심인 자기(the Self)에 도달하는 데 중요한 가교 역할을 한다. 그러므로 "꿈을 이해한다는 것은 나를 이해하는 것이다"[24]

꿈과의 관계에서 있어서 우리는 야곱의 사다리를 생각하게 된다. 성경의 기사에 의하면 야곱은 형의 분노를 피해 외삼촌 라반의 집으로 피신하는 과정에서 벧엘에서 하늘에서 내려온 사닥다리를 보게 된다. 물론 이 사닥다리는 야곱과 하나님을 연결해주는 것이었다(창. 28:12). 그런데 사다리는 무의식의 신성한 힘과의 지속적이고 변함없는 연결을 상징하기도 했다. 즉 꿈 자체가 그런 사다리였다.[25]

칼 융은 꿈과 환상적인 이미지들을 민감하게 느꼈다. 그는 이러한 심리적인 영역을 제2호 인격(number two personality)라고 불렀다.[26] 그는 이것을 자신의 삶에 통합할 필요를 느끼면서 1913년부터 1919년까지의 기간을 '무의식과의 대면'이라고 불렀다. 그는 적극적인 명상(active imagination)을 사용하여 이미지들에 몰두했다. 그러므로 꿈을

---

22) 프란스 보아. 「융 학파의 꿈 해석」박현순. 이창인 공역(서울: 학지사, 2004), p. 8.
23) 로렌스 W 자피. 「마음을 해방하기」심상영역(서울: 한국심층심리연구소, 2006), p. 62.
24) op. cit. p. 225.
25) Ibid., p.85.
26) 존 웰치. p. 18.

기록해 두는 삶은 우리의 삶에 이미지가 존재하게 하는 유일한 방법이다.[27]

그는 인간의 정신은 꿈을 통해 우리가 살고 있는 삶과 인정받지 못하고 무시되어 온 인격의 영역들 사이에 조화를 이룬다고 믿었다. 꿈은 겉으로 잘 드러나지 않는 우리의 인격의 여러 측면을 직시하게 하며[28] 무의식이 의식에 통합되기를 바란다는 것을 암시한다. 우리는 우리의 심리상태를 보여주는 꿈의 이미지들을 통해 자아가 나아갈 방향을 잡는데 도움 받을 수 있고 또 무의식을 통합하기 위한 안내를 받을 수 있다.[29] 무의식을 의식화 하는 것은 구원(redemption)행위다.[30]

## 1) 꿈: 계시의 통로

꿈(Dream)과 환상(Vision)은 신구약 성경 모두에서 하나님의 계시로 여겨졌다.[31] 카발리스트들은 분명 꿈이 인간 속에 내포되어 있는 한 영역의 현상으로 알고 있었고, 꿈의 세계를 통해 사람은 완전한 발전 또는 완성을 성취할 수 있으며 꿈꾸는 시간 동안 그는 종종 지혜나 신의 면전에 서게 된다고 믿었다.[32]

초대 교회 역시 성경시대처럼 꿈을 하나님의 계시로 간주했다. 초대 교회 교부들 역시 꿈을 하나님의 음성으로 간주했다. 그러나 이후 교

---

27) Ibid,. p. 23.
28) 베레나 카스트. 「꿈: 당신을 변화시키는 무의식의 힘」원석영 역(서울: 프로네시스: 2007), p. 6.
29) Ibid., p. 170. 프로이트는 꿈을 무의식으로 가는 지름길이라고 말했다.
30) Ibid,. p. 189
31) 참조: 민. 12:6.
32) 찰스 폰스. p .295.

회는 이 꿈을 폐기처분했다.[33] 그러나 이제 우리는 다시금 하나님의 말씀[34]에 주의를 기울여야 한다.

베니 토마스(Veny Thomas)는 말한다:

> 오는 세대에는 하나님의 인도하심을 나타내는 수단으로서 꿈이 중요한 역할을 할 것이다. 이 마지막 세대에 우리는 꿈을 꾸게 될 것이다.[35]

신구약 성경은 꿈 이야기로 가득 차 있다. 그 중에서도 형의 분노를 피해 도망치다가 벧엘에서 꿈에 사닥다리와 천사들의 활동, 다니엘의 꿈 해석, 그리고 하늘 보좌에 서 계신 하나님을 본 야곱의 꿈 이야기나 천사의 지시를 받아 아내 마리아와 아기 예수를 데리고 이집트로 탈출하는 요셉 이야기는, 물론 꿈의 여러 가지 기능들 가운데 한 가지이지만, 우리에게 꿈의 소중함을 우리에게 알려주기에 족하다.

---

33) 참조: 전. 5:7. 4-5세기 과정에 신학자들과 교회지도자들이 꿈을 무가치한 것으로 여겼다. 그 중 대표적인 인물은 제롬(Jerom)이다. 알려진 바에 의하면 그는 레위기 19장 26절과 신명기 18장 10절을 꿈 해석에 대한 금지 계명으로 오역했다. 그리고 5세기 이후 서방 교회는 꿈 해석을 미신으로 정죄했다. 중세에 이르러서는 안셀름이 꿈에 대해 부정함으로 꿈에 대한 기독교계의 부정적인 태도가 진전되었다. 토마스 아퀴나스는 꿈을 완전히 무시하라고 충고했고, 루터는 꿈은 기껏해야 꿈꾼 이에게 그가 지은 죄를 보여줄 뿐이라고 가르쳤다. 데이비드 폰태너. 「꿈의 비밀」원재길 역(서울: 문학동네, 1998), p. 12.
34) 욜. 2:28. 행.2:17
35) 베니 토마스. 「크리스천이 꾼 꿈 뜻」(서울: 나침반, 2001), p. 16.

샌포드는 말한다:

꿈이 하나님으로부터 연유한다는 것을 자아(ego)의 입장에서 생
각해보면, 꿈은 목적을 지니고 있고 정신세계의 핵심과 관계를 가
지고 있음을 의미한다. 꿈에는 언제나 창의력 요소가 내포되어 있
고, 이 창의적 요소는 신에게 속하는 것이다. 여기서 필자가 말하는
신은 인간의 영 안에서 활동하고 있는 신이다.[36]
꿈은 하나님이 우리에게 주시는 언어이자 하나님의 음성으로서 올
바르게 이해 되어져야 할 것이다.[37]
꿈은 무의식의 내용이 의식화될 수 있도록 해 주는 자연의 방법
(nature's way)이다. 꿈은 우리 영혼의 목소리와 같으며, 꿈을 통해
무의식이 우리의 의식 세계에 들어갈 수 있다고 말할 수 있다.[38]

찰스 폰스는 말한다:

꿈을 성공적으로 해석하기 위해서는 신화 속에서 발견되는 원형
적 모티프 들을 해석자가 자유롭게 처리할 수 있는 능력이 요구된

36) 존.A 샌포드. 「꿈-하나님의 잊혀진 언어」정태기 역(서울: 대한기독교서회, 1988), p. 5.
37) Ibid., p. 7. 무의식은 속에서 상징을 사용하여 우리의 삶에 대해 말을 함으로써 의식과 계속
대화하고 또 우리가 어떤 상황에 처해 있는가를 드러낸다. 융은 무의식 속에 있던 하나의 실
체가 꿈속에서 드러나는 것을 그림자(shadow)라 부른다. 예를 들어,야곱과 씨름한 사람은 바
로 야곱 자신이었다. 그는 자신 안에 있는 그림자와 씨름한 것이라 할 수 있는바, 자신 안의
그림자와의 투쟁은 곧 하나님과의 투쟁이었다. 속이고, 빼앗고, 두려워하고, 도망치던 야곱,
그는 자신 안에 있는 그림자를 얍복강에서 자신의 인격과 통합함으로써 변화(transformation)
된 새 사람 '이스라엘' 이 될 수 있었다. 그런데 칼 융은 참 자기를 찾아가는 과정을 심리학적
으로 말해서 '개성화(individuation)의 과정' 이라고 말한다.
38) 샌 포드. 「융 심리학과 치유」 심상영 역(서울: 한국심층심리연구소, 2010), p. 110.

다. 즉 상징의 발전과정, 상징의 긍정적 표현과 부정적 표현, 상징
과 당면한 현실과의 관계 등, 꿈을 해석함에 있어서 우리들이 갖추
어야 할 점은 다름 아니라 자기 자신망의 고유한 신화에 대한 공식
적인 표현을 마련하는 것이다(중략). 살아 있는 종교적, 신화적 전
통이 없다면, 상징 속에 숨겨진 메시지에 대해 무지하다면 우리는
어린아이와 같은 상태에 놓여 있는 것이다.[39]

필자는 거의 밤마다 꿈을 꾸어왔으며 꿈에 대한 궁금증과 호기심을
떨쳐버리지 못했다. 그러던 중 천만다행으로 샌포드(John A. Sanford)
의 「꿈-하나님의 잊혀진 언어」 *Dream-God's forgotten Language*를 읽
고 난 연후부터 꿈 일기를 쓰기 시작했다. 그리고 아직은 전문적인 꿈
해석가가 못되지만 꿈을 친구 삼아 매일 기록하며 필자 자신과 대화를
나누고 있다. 꿈은 이제 필자에게 너무나 소중한 존재이며 천국 순례
에 빛을 던져주고 있다. 꿈은 필자의 온전함(wholeness)을 위해 주시는
하나님의 치유의 손길이다. 필자 안에 있는 천국에 이르는 영적 지도
(Spiritual map)와도 같다.

또한 꿈은 계시적이기도 하다.

필자는 칠보산 기도원에 올라 금식 기도하던 중 꿈에 미국의 신학교
를 보았고, 그 다음 날 새벽4시에 일어나 새벽기도회를 가기 위해 준비
하는 기도 중에 "Southern Methodist University" 라고 생생하게 들려주
신 하나님의 음성을 따라 미국 유학길에 올랐다. 필자는 이 학교에 대

---

39) 찰스 폰스. p. 302

해들은 바가 없어 존재 자체에 대해서도 알지 못했었다. 금식기도를 마치고 산에서 내려와 서울 충정로에 위치한 감리교신학대학을 찾아 도서관 사서에게 미국 감리교 신학교 디렉토리(Directory)를 부탁하여 살핀 결과 텍사스주 달라스(Dallas, Texas)에 있는 것을 알게 되었다.

하나님께서는 꿈과 음성을 통해 필자의 앞길을 인도하셨다. 그래서 4년간의 공부를 마치고 귀국 길에 올랐던 것이다. 꿈은 계시적이다.


### 2) 꿈: 개성화

개성화(individuation)는 분석심리학의 핵심개념으로서, 의식(consciousness)을 확장시켜 무의식(unconsciousness)의 내용을 이해하게 함으로써 인격을 발달시켜 나가는 과정을 의미한다. 환언하면, 개인의 의식적이고 완벽하고 독특한 인격을 발달시켜 내적(집단적) 관계는 물론 외적(사회적)인 관계도 성공적으로 맺을 수 있게 하는 과정이며[40] 본래의 자기에게로 돌아가는 자기실현이다.[41] 융은 전일성(Wholeness)[42]을 향해 나아가는 과정을 개성화라고 말했다.


---

40) 심상영. 「한국교회의 영적 성장을 위한 융의 분석 심리학」(서울: 쿰란출판사, 2001), p. 43. 재인용 J. Hunter. *Dictionary of Pastoral; Care and Counselling*(Nashville: Abingdon Press, 1990), p. 576 재인용.

41) Ibid., C. G. Jung. *The Collective Works of C. G. Jung.* Vol. 7: Two Essays on Analytical Psychology, Second Edition. Translated by R. F. C. Hull. (Princeton: Princeton University Press, 1977), p. 266 재인용

42) 야코비(Jolande Jacobi)는 그의 저서 *The Psychology of C. G. Jung*에서 개성화를 독일어로 Heisweg으로 표현했는데(106), 이는 건강해지는 길(a way of health)과 구원의 길(a way of salvation)이란 이중적인 의미를 갖는 바, 개성화의 길은 내 안에 있는 천국을 찾는 순례과정과 같은 맥락의 표현이라 할 수 있다.

샌포드는 말한다:

> 꿈과 비유들은 모두 인간 영혼의 창고로부터 이미지(images)들을 이끌어 냄으로써 목적을 달성한다. 꿈과 예수의 교훈은 개념화된 진술이 아니라 이미지들로서, 우리는 그 이미지들을 통해서 우리 자신의 모습을 비추어볼 수 있다.[43]
>
> 그림자와 접촉이 없을 때 우리는 독선적이고, 생명력이 없고, 인간에 대해 제대로 이해하지 못하며, 또한 성적으로 냉랭해진다. 또한 다른 사람과 살아있는 관계를 맺지 못하며 고립된 상태에서 순진한 바보가 되고, 무의식적으로 가공할만한 잔인성을 드러내기도 한다. 유명한 탕자 이야기에서 형이 탕자인 동생을 인정해야 했듯이, 만약 우리가 인간적이고 융통성 있고 용사하는 마음을 가지려고 한다면 자신의 그림자를 인정하고 받아들여야 할 것이다.[44]

필자는 성장과정에서 거절 받은 경험으로 인한 트라우마를 갖고 있었다. 그것으로 인한 열등감은 거의 대학 졸업 때까지 지속되었다. 그건 아버지로부터 받은 거절감(sense of rejection)이었다. 아버지는 물론 필자를 누구보다 사랑하셨다. 그러나 무의식적으로 상처도 주셨다.

필자의 유년시절은 전후(戰後) 시기라서 경제적으로 매우 빈곤했다. 특히 대구에서 부산으로 피난 와서 간신히 삶의 처소를 정하여 주로 행상을 하시던 부모님의 경제적 수입은 목숨을 간신히 지탱할 정도였

---

43) 존 샌포드, 「내 안에 있는 천국」이기승 역(서울: 두란노, 1999), p. 23.
44) Ibid., p. 162.

다. 가옥이라야 허름한 판잣집에다가 화장실(그때는 "통시" 혹은 "뒷간"으로 불릴 정도로 엉성했다)은 집 마당에서 멀리 떨어져 있었다. 그나마 아침에는 식구들이 줄을 서서 힘들게 차례를 기다리는 일이 다반사였다. 행여 기다리는 줄이 없는 날이면 횡재를 만난 것과 같았다.

어느 날 아침, 어린 필자가 아침밥을 먹던 중에 배가 아파 통시로 달려갔는데, 누군가가 이미 입실(?)하여 용무를 보고 있었다. "배가 아프고 급하다!"고 하면서 엉성한 문을 두드리니 "어흠"하는 굵고 점잖은 목소리가 튀어 나왔다. 아버지의 목소리였다. "아버지, 배가 아프고 급해요. 들어가도 돼요?" 하고 물었다. 그 당시 어린 필자가 통시에 갔을 때 혹 어머니가 먼저 와 계시면 들어가서 어머니 앞에 앉아 함께 용무를 본 적이 여러 번 있었다. 형이 앉자 있을 때도 들어가서 "형은 앞으로!"하면 형은 엉거주춤 앞으로 옮겨가고 나는 형 뒤에서 나란히 앉아 용무를  보기도 했다. 큰 드럼통 위에 판자 두 개를 나란히 놓은 통시는 그런 면에서 편리도 제공해 주었기 때문이다.

필자는 아버지가 "들어 와!"라고 하시는 줄 알고 문을 힘껏 잡아 당겼다. 아무리 힘이 있는 아버지이시지만, 아버지는 엉거주춤 쭈그리고 앉아서 문손잡이를 잡고 계셨고 필자는 서서 문을 당기는 상황이었다. 힘의 대칭은 필자에게로 와 있었다! 문이 휙 열리면서 한 발 들어서려 하자 아버지는 노여운 얼굴로 야단을 치면서 필자를 문밖으로 밀어버렸다. 바닥에 나뒹군 필자는 "아버지는 나를 거절하셨다" "나는 거절당했다"는 감정이 짓누르기 시작했다. 거절당했다는 의식은 "나는 가치가 없다"(I am not a valuable person)이라는 자존감의 하락을 가져다줌과 동시에 열등의식의 뿌리가 되었다.

거절당한 필자는 성장 과정에 주변 사람들을 무의식적으로 거절하고 있었다. 먼저 거절한 것은 거절당하기 싫었기 때문이었다. 자연 인간관계가 원만하지 못했고 고집이 센 아이로 성장했다.

그때 이후로 필자는 통시로 가는 꿈을 자주 꾸기 시작했다. 지저분한 통시! 그것은 필자의 꿈의 주요 소재가 되었다. 필자의 꿈은 상처 입은 내면을 보여주면서 상처를 준 아버지를 받아들이라는 메시지를 계속 보내고 있었던 것이다. 아버지를 받아들이고 그때 상처받은 경험을 통합했을 때, 무가치감과 열등감이 사라지고 삶의 의욕과 창조성을 회복하게 되었다. 물론 그것은 미국 시카고 신학대학원 재학 시절 조지 캐이런 교수와 영성신학을 공부하면서 관상 훈련을 할 때였다.

어느 날 꿈을 꾸었다. 통시를 찾아갔다. 옛날처럼 허름하고 불편하기 짝이 없는 통시였다. 찌그러진 문을 여니 통시 안은 불결했다. 인분이 쌓여 넘칠 지경이었다. 그런데 느닷없이 통시는 무한히 넓은 명경지수(明鏡止水)를 담은 호수로 변했고, 그 호수 속에는 형형색색의 각종 물고기들이 노닐고 있었다. 그 중 큰 황금빛 고기 한 마리가 필자 가까이로 헤엄쳐 오더니 필자의 품에 안기었다. 아니 안기기보다는 필자를 껴안았다라고 표현하는 것이 옳을 것이다. 그리고 황홀경 중에 꿈에서 깨어났다.

관상의 과정에 아버지를 받아들일 뿐 아니라 사랑하게 되었을 때 통합되지 못한 채로 필자의 내면에 남아있던 상처받은 경험이 치유되었고, 꿈은 내면의 상처가 치유된 것을 그렇게 전해주었다.


필자의 내면과 관련된 또 하나의 꿈을 꾸었다:

접시꽃처럼 꽃잎이 넓은 꽃들이 마치 해바라기처럼 종횡으로 줄줄이 서 있는 꽃밭이었다. 그 꽃밭에는 가는 줄기의 비가 빗금 치듯이 내리고 있었다. 나는 꽃들 사이를 마치 날듯이 지나고 있었는데 너무 황홀했다.

꽃밭은 다름 아닌 내 마음이었다. 꽃밭에 내리는 가는 빗줄기는 땅을 기름지게 하고 부요하게 하는 축복의 상징이다. 예수 그리스도는 "비의 왕"(The King of Rain)[45]이시다. 비의 왕이신 예수 그리스도는 그 무엇보다 마음의 밭, 곧 내면을 돌보는 중요성을 일깨워주신 것이었다.

필자는 아침 잠자리에서 일어나면 곧장 꿈 일기장을 펼치고 기록한다. 혹 꿈이 기억나지 않으면 묵상기도를 통해 꿈을 기억나게 해 달라고 기도하고 침묵 속에 기다리면 하나님의 성령께서는 꿈을 기억나게 해 주신다. 그리고 조심스럽게 성령님의 인도를 받으며 꿈을 해석하면서 필자 자신을 발견한다. 필자의 내면 무의식 층에 군집(constellation)되어 있으면서 상징을 통해 드러나는 그림자를 인정하고 받아들이는 일에 이제는 조금 익숙해지고 있다. 천국을 향한 필자의 영적 순례에 이것만큼 흥미진진하고 재미있는 일은 없다.

루이스 세이버리(Louis M. Savary)는 말한다:

꿈은 병든 관계를 바로잡거나 새로운 관계를 맺으라고 부르는 초

---

45) 하나님은 "비의 왕"이시다. 즉 축복의 비를 내려 삶을 풍성케하시는 축복의 하나님이시다 (참조: 호.6:1–3, 겔.34:26 등)

대로 볼 때 커다란 도움을 얻을 수 있다. 꿈 해석은 영적인 성화를
목표로 하는 그리스도인들의 순례에 많은 도움을 줄 수 있다. 꿈은
우리의 삶과 운명을 주관하시는 분이 우리를 불러서 지혜와 통찰을
주시고 이 지혜를 행동으로 옮겨 자기와의 관계를 바로 잡으라는
권고로 보는 것이 바람직하다.[46]

존 샌포드는 말한다:

남자가 인식하지 못했던 자신의 여성적 측면에 사로잡힐 때, 그
리고 여자가 인식하지 못했던 자신의 남성적 측면에 사로잡힐 때
생긴다. 또 자아가 무의식에 압도될 때도 있다. 그런 경우엔 방양상
실, 우울증, 혹은 심지어 정신병이 생기기도 한다 자아가 본능적으
로 폭력적이고 통제할 수 없는 불안에 압도되는 것에 저항하여 싸
울 때도 생긴다. 그런 상태에 있는 사람은 바다 밑으로 가라앉는 꿈
혹은 엄청난 파도가 그를 덮치는 꿈을 꿀 수도 있다.[47]

## 3) 꿈과 치유

고대 그리스에서는 꿈을 병의 치유에 이용했다.[48] 하르트만은 외상
을 체험한 후 꾸는 꿈에는 마음을 치료하는 기능이 있다고 했다.[49]

---

46) 루이스 M. 세이버리. 「꿈-내 마음의 거울」정태기 역(서울: 크리스챤 치유목회 연구원,
   1999), p. 12.
47) 샌 포드, p. 83.
48) 베레나 카스트, p. 19
49) Ibid., p. 64.

우리가 의식적으로 기억해 내지 못한다 해도 분명히 꿈은 치료에 도움을 주는 기능을 한다. 그런데 치료를 촉진시키려면 꿈을 기억해 내는 의식적인 노력을 해야 한다.[50] 꿈을 심리치료에 적용하기 위해서는 꿈을 다시 이미지로 체험하고 또 꿈으로부터 좋은 이야기를 만들어내야 한다.[51]

### 4) 꿈 해석: 예배

루이스 세이버리(Louis M. Savary)는 꿈을 하나님께서 주시는 선물로 받아들인다면 꿈 해석 자체가 기도이자 예배라고 말한다.[52] 그렇다고 보면 우리가 교회에서 정해진 시간에 드리는 예배와 생활예배[53]뿐만 아니라 꿈도 예배의 컨텍스트가 된다는 뜻이다. 그러므로 성령님의 인도를 받아 꿈을 올바르게 해석한다면 영적 치유와 회복의 은혜를 누릴 수 있고, 이는 예배 경험이라 할 수 있다.

요엘 코비츠(Joel Covitz)는 「밤의 환상」에서 유대인의 꿈 해석 방법을 정리했다. 주님께서 꿈을 주관하시도록 요청하는 기도를 드릴 때 기억해야 할 권고이다.

첫째, 하나님의 영을 받아들일 수 있도록 마음의 자세를 편안히 하라

둘째, 주님의 절대적인 도움이 필요함을 간구하라

---

50) 로렌스 w 자피, P. 62.
51) 베레니 카스트, p. 56.
52) Ibid., p. 19.
53) 롬. 12:1-2.

셋째, 꿈을 주셨을 때 이를 기억하고 또 기록하며, 꿈을 통해 주시는 메시지를 이해하고 또 행할 것이 있다면 의지를 갖고 실행할 준비를 하라.[54]

---

54) 정의창. 「당신도 꿈 해석자가 될 수 있다」(서울: 쉴만한 물가, 2005), p. 81.

# 제6장. 관상의 길, 관상적 사랑의 삶의 길

하나님의 나라는 볼 수 잇게 임하는 것이 아니요,
또 여기 있다 저기 있다고도 못하리니
하나님의 나라는 너희 안에 있느니라.

-눅 17:20-21-

# 제6장
# 관상의 길,
# 관상적 사랑의 삶의 길

앞장에서 영혼의 순례의 길에 대한 간략한 스케취를 하였다. 이제 본 장에서는 그 주제와 관련하여 조금 더 논의를 할 예정이다. 영혼의 순례, 즉 내면의 천국에 도달하는 길–관상에 관해 논의할 것이다.

어떤 사람이 밭에서 일을 하다가 밭에 감추어진 보화를 발견하고서는 집에 돌아가 모든 재산을 다 팔아 그 밭을 샀다는 기사가 성경에 나온다. 우리 모두가 익히 아는 천국 비유의 말씀이다. 이 비유의 초점은 우리에게 가장 중요한 것은 천국을 소유하느냐 그렇지 못하느냐는 것이다. 사람이 만일 모든 것을 다 얻고도 자기를 상실한다면 이보다 어리석은 일은 없을 것이다. 다른 한편, 이 기사는 외면적인 것보다는 내면적인 것, 다시 말해 온전함(wholeness) 혹은 변환(transformation)이 중요하다는 사실을 깨우치는 말씀이기도 하다. 그리고 그것은 내 안에 있는 천국을 발견하느냐 하는 인생 순례의 최대의 과제이다.

이 이슈를 영성추구(영적 순례)와 관련시켜 논의한다면, 영적 추구에는 세 종류의 추구 형태가 있다. 행위의 완전을 달성하려는 도덕주의(의지), 이해의 완전을 달성하려는 사변주의(마음), 그리고 영혼이 하나님과 합일됨으로써 완전을 성취하려고 하는 신비주의다.[1] 여기서 우리가 중점적으로 논의할 대상은 신비주의다. 그런데 신비주의를 이해하려면 먼저 그 바탕이 되는 신비신학에 대한 이해가 필요하다.

신비신학은 니케아 신조 배후에 놓여있었던 신학이다. 우리가 신비주의하면 자칫 부정적인 관점이나 편견을 갖기 쉽다. 그런데 엄밀히 말해 신학이 없는 그리스도교적 신비주의는 결코 존재하지 않는다. 역으로 신비주의가 없는 신학은 절대로 있을 수 없다.[2] 신비주의 신학은 하나님의 실재가 이성적인 사고의 한계 너머에 존재한다고 가정하며 하나님은 사랑과 친교 안에서 체험할 수 있는 분이라고 주장하는 신학이다. 그러므로 신비주의는 새로운 방식의 하나님 이해와 새롭게 하나님과 관계를 맺는 방법을 위하여 마음 문을 활짝 여는 것이다.[3]

그리스도교 전통에서 면면히 전해 내려오던 신비주의는 역사적인 질곡을 거치다가 1960년대 말엽에 다가서면서부터 그리스도교 전통 내부에서 기도와 관상, 신비주의에 대한 관심이 다시 부활하기 시작했다.[4] 단언하면, 신비주의적 영성은 하나님과 합일되는 황홀적인 경험을 추구한다. 그리고 이 경험에 도달하는 방법은 실천되고 있고 격렬한 논쟁의 대상이기도 한 관상기도(contemplative prayer)다.

관상기도는 여러 가지 비판에고 불구하고 우리의 내면 가장 깊은 곳-내면의 천국에 이르는 길로 가르쳐지고 또 훈련되어지고 있다. 앞 장에서 논한 영혼의 순례 길, 즉 내면의 천국에 이르는 길이라는 것이다.

---

1) 진 바트. p.17
2) Ibid., P. 64. Vladimir Lossky. *The Mystical Theology of the Estern Church*. (1968), p,39 재인
3) 케네스 리치. p. 222-3
4) 케네스 리치 「영혼의 친구」신선명, 신현복 역(서울:아침, 2006), pp. 62-63.

그러면 관상이 무엇인지, 왜 관상이 중요한지 그리고 그것이 내 안의 천국을 찾는 영혼의 순례와 무슨 관련이 있는지를 논의하기 전에 기독교 역사 가운데 이와 깊은 관련이 있는 몇 몇 신학적 사고와 방식 그리고 주요 인물들을 간략하게 고찰하는 것이 도움되리라 생각한다.

## 1. 하나님과의 합일—상승인가 하강인가?

### 1) 유대 공동체와 유대 그노시스

쿰란 공동체(Qumran faith community)는 마귀가 지배하는 이 세상을 포기했다. 고대하던 하나님의 나라(Kingdom of God)는 이제 임박한 대환난을 통해 실현된다. 이런 자각에 도달한 유대인들은 하나님의 계획이 최종 "신비"(mysteries)를 통해 밝혀지리라고 이해했다. 그 결과로 유대주의 내부에 "그노시스"(gnosis)가 탄생했다.

그노시스는 3세기의 알렉산드리아 그리스도인들의 노력 덕분으로 다소간 정통 사상(orthodox thinking)에 융화되었다. 엄밀하게 말하면 유대 그노시스는 유대주의(Judaism)의 산물로서, 7세기에서 8세기에 이르는 대예언자 전통과 이스라엘 지혜전통의 유산이다. 이 그노시스는 과거 선지자들에 의해 발전된 하나님에 대한 "지식"에 뿌리를 두었다. 그 지식은 하나님 임재 안에서의 삶, 하나님과 함께하는 삶, 하나님과의 친밀한 접촉이었다.

미드라쉬(midrash)는 과거로부터 빌려온 빛으로 미래를 조명했지만, 그것은 항상 끊임없이 성령을 그의 백성들에게 붓는 것을 전제했다. 그리스도교가 탄생할 시기에 미드라쉬가 지닌 가장 특징적인 성과는

"메시아니즘(Messiahnism)이다. 메시아니즘은 종말론적 관점으로 묵시가 제공한 창조적 양식(creative formulation)이었으며, 메시야는 하나님의 기름부음 받은 자, 다윗의 아들, 그리고 동시에 하나님의 아들을 의미했다.

## 2) 카발리즘과 메르카바 신비주의

"전통"[5]을 뜻하는 카발라(kabbalah)는 유대교 신비전통이다. 카발리스트들은 모세가 비밀의 전통을 시내산에서 하나님으로부터 직접 받은 것으로, 그리고 여러 세대를 걸쳐 지금까지 전해 내려온 것, 즉 하나님의 진리로 주장하고 믿는다.[6] 그런 면에서 카발라는 엄정한 유대교 정통파의 표현인가 하면 급진적이고 창의적인 세계관을 표현하는

---

5) 모세가 시내산에서 받은 것이 카발라, 즉 전통이다. 따라서 카발라라고 명명할 때, 그 어휘는 비개인적이고 비체험적인 종교적 진리, 즉 전통에 의해 받아들여진 것을 의미한다. 카발리스트들은 이 비밀의 전통은 모세가 시내산에서 하나님으로부터 직접 받은 것이며 세데에서 세대를 거쳐 지금까지 전해진다고 주장한다. 카발라는 본질적으로 수천 년 동안 변함없이 존재했던 하나님의 진리다. 존 지퍼댄, p. 16-17.
또한 카발라는 신비주의와 마법의 동의어 혹은 영성 전반을 가리키는 영어로 사용되어 왔다. 오늘날 이스라엘의 히브리어에서 카발리스트와 마법사는 거의 같은 의미를 갖는다
15세기 말에 이르러 카발라는 독특한 유대교의 전통에서 변모하여 그리스도교 신학, 철학, 매직 등과 결합하면서 하나의 유럽적 사상으로 정착햇다. 그리스도교 카발라는 15세기 후반 피렌체의 마르실리오 피치노 arsilio Pichino 학파에서 시작되엇다.
찰스 폰스. 「카발라」 조하선 역(서울:물병자리, 2005),.p.10. 카발라 사상에는 사변적 카발리즘과 실처녀적 카발리즘 두 지류가 있다. 사변적 카발리즘은 오로지 우주의 영적 차원의 작용에 대해서만 관심을 가지며, 어떻게 그것이 이 세계와 맞물리는가 하는 것을 발견하려고 노력한다. 어떻게 하면 인간이 물질적 차원과 영적 차원의 양자 동시에 한 공간을 발견할 수 있는가 하는 것을 밝히는 데 목적을 둔다. 실천적 카발라는 주로 마법적 지배의 목적을 위해 영적 세계로부터 에너지를 얻는데 관심을 갖는다. 이는 중세에 서구 유럽의 바법에 영향을 미쳤다.
6) Ibid., p, 15.

수단이기도 했다.[7] 이제 카발라는 신비주의와 마법의 동의어 혹은 영성 전반을 가리키는 용어로 사용되고 있다.

카발라 문헌은 메르카바 신비주의자들의 전통에서 발견되는데, 메르카바 신비주의(Merkabah Mysticism)[8]는 헤칼로트(Hekallot)인 "천상의 홀" 또는 천궁(天宮)을 통해 메르카바 −신의 전차(戰車) 혹은 신의 보좌에 이르는 것을 목적으로 삼는다.[9] 메르카바 신비주의자들은 하나님과 직접적이고 체험적인 관계를 추구하면서 신성과 하나 되려는 열망을 품었다. 그리고 이 여행을 위한 준비는 금식, 찬송, 반복적인 기도, 그리고 암송이었다. 에스겔의 환상은 신비주의의 중심으로 메르카바에 이르는 모든 명상의 초점이었고, 랍비 요하난 벤 자카이가 메르카바 신비주의(황홀경 신비주의)의 아버지였다.

## 3) 세키나

유대 제사전통은 거룩하신 하나님의 임재를 케루빔 사이에 두었다. 제사전통은 빛나는 영광에서 나오는 검은 구름을 통해 임재하는 하나님의 신비한 임재를 강조한 바, 랍비들은 이 임재를 세키나(Shekinah),[10] 즉 그의 백성과 함께하시는 하나님의 임재(Divine presence of God)로 명명했다. 이후, 바벨론 포로시기에 두 세 사람이

---

7) 조지프 댄. 「유대교 신비주의 카발라」 이종인 역(서울: 아티쿠스, 2010), p. 5
8) 메르카바 신비주의는 유대 신비주의에서 가장 단순한 형태다. 이는 가장 단순한 황홀경 신비주의이다.
9) Ibid., p, 33.
10) 세카나는 신성한 존재, 즉 신 자신의 일부분으로 일컬어지고 있을 뿐만 아니라, 여성적 힘으로 말하여지고 있으며, 더 나아가 이스라엘의 신비한 에클레시아(Ecclesia), 즉 종교적 공동체이기도 하다. 또한 네쉐마(neshamah) 즉 인간의 혼(soul)이기도 하다.

회당에서 토라(Torah)를 묵상하는 자리가 세키나가 임재하는 자리가 되었다. 메르카바 신비주의가 위로 상승하여 하나님과 연합되는 것을 목표로 삼고 추구했다면, 세키나는 영광의 하나님께서 하강하시어 그 분의 백성 사이에 임재하시는 임마누엘 사건(Immanuel event)이라 할 수 있다.

### 4) 공관복음과 신비주의

후기 신비주의자들은 마태복음11장 27절과 누가복음 10장 22절("아들 외에 계시를 받은 자 외에 아버지가 누군지 아는 자가 없나이다")을 특별한 신 지식에 대한 그들의 주장을 정당화하는 근거로 삼는다. 공관복음에서 사용된 많은 개념들과 주제들은 후대 기독교신비주의에서 신비적 길의 목표를 묘사하기 위해 사용되었다. 그 중에 가장 두드러진 것은 온전함(teleios)과 하나님을 보는 것(theoria)이라는 개념이다.

기독교신비주의 역사에서 긴요한 구절은 마태복음 5장8절("마음이 청결한 자는 하나님을 볼 것이다")이며, 막달라 마리아 이야기(눅.7:36-50)는 기독교신비주의를 위한 유력한 페러다임이며 후기 기독교 신비주의의 핵심이다. 거울을 보는 것(고후.3:17-18)은 응시 혹은 관상 (contemplation)으로 이해되었다.

요한이 말하는 하나님에 대한 지식도 하나님 봄처럼 그리스도 중심적이다. 요한은 하나님이 성령으로 신자에게 내주하심으로써 신자가 삼위일체의 생명에 참여하게 되는 삼위일체적 신비주의 뉘앙스를 풍긴다. 바울은 "주와 합하는 자는 한 영이니라"(고전6:17)고 말했는데,

신화(神化: theosis)[11]라는 말을 직접 사용하지 않았지만, 이 말은 그리스도 안에서 하나님과 영적 연합으로 이해했음을 시사한다.

### 5) 하나님을 봄-데오리아(theoria)[12]

기독교신비주의의 역사에서 중요한 자리를 차지하는 성경은 아가서다. 아가서는 신비적 연합(epoptics) 혹은 관상적 가르침(displinia inspectiva)을 위한 교본이다.  알렉산드리아의 클레멘트(Clement of Rome. 150?-)는 삶의 목표를 "보는 것(theoria)"이며 참된 영지자(靈知者)는 하나님을 보는 데 도달한 사람이라 했는데, 하나님을 보는 것은 곧 하나님과 합일을 이루는 것이다.

### 6) 2세기와 기독교신비주의

안디옥 감독인 이그나시우스(Ignasius of Antioch. AD160?-220)는 그리스도를  닮아감의 신비주의를 주창했고, 기독교신비주의의 창시자라 할 수 있는 클레멘트(Clement of Rome. 150?- )는 삶의 목표는 하나님을 보는 것이라 했다. 그는 신화(神化)의 개념을 사용한 최초의 사람이다.

아가서를 신비적 연합의 전거로 삼은 오리겐(Origen of Alexandria. 185-254)은 영성생활을 하나님께 올라가는 것으로 이해하며 기독교적

---

11) 신화란 개신교의 성화와 유비되는 개념이다. theosis는 축복의 종극점(telos)이며, 정교회에서 그것은 기독교 본질 자체이다.

12) 플라톤은 영혼의 정화(askesis)와 관상적 바라봄(theoria)를 통해 영혼이 하나님께 복귀한다고 주장했다. 그는 기독교 신비주의 역사에 적지 않은 영향을 끼쳤지만, 플라톤의 영성은 기독교의 영성과는 달리 일종의 자기성취의 구원이었다.

삶의 세 차원을 말했다: 행위와 관련된 도덕적 차원(잠언서), 지적이며 관찰 가능한 행위와 관련된 본성적 차원(전도서), 그리고 하나님과 영적 합일을 이루는 관상적 차원이다(아가서). 그에게 아가서는 신비한 연합의 중심 교과서였다. 그리스도는 우리로 하여금 하나님을 보게 해 주는 유일한 길이며 관상의기쁨으로 인도하시는 안내자이시다.

필로(Philo)는 서방역사에서 성경의 유일신적 신앙과 헬라의 관상적 이상을 연합한 최초의 인물이다. 그는 궁극적인 지복(至福)을 하나님을 봄, 또는 참으로 존재하는 분에 대한 지식에 있다는 입장을 취했다.[13] 그는 에녹, 아브라함을 비롯한 족장들, 특히 모세가 이 최상의 봄(supreme vision)을 경험했다고 본다.

오리겐의 제자이자 교회의 영성과 수도원 영성을 조화시킨 성 바질(St. Basil of Caesarea. 330-379)은 영적 성장을 위한 최상의 수덕 방법으로 마음의 고요(Hasycheia)와 홀로 있음(ermia)을 제시했다. 그리고 그는 기도, 순결, 금욕(자제), 자기수련 등을 하나님과 합일에 이르는 최상의 방법으로 제시했다.

## 7) 4-5세기 초의 라틴교부들

서방의 암브로스(Ambrosius. 334-397)는 천상의 예루살렘으로 올라가는 일(영적 상승)은 우리가 점점 그리스도와 일치되는 것이라 했다. 그는 사랑이신 그리스도가 실제적인 방법으로 우리 영혼을 자신과 연합시키신다고 했다. 특히 그에게는 순결이 중요한데, 순결은 순결하신 그리스도가 순결한 마리아에게서 탄생함을 통하여 세상에 주어진

---

13) 버나드 맥긴, 「서방 기독교 신비주의 역사」 방성규, 엄성옥 공역(서울: 은성, 2000), p. 79.

하늘나라 생활방식이기 때문이다. 그런 면에서 순결은 교회와 세상 사이의 경계선을 나타내는 위대한 상징이다.

암브로스의 신비주의는 인간적 노력에 의한-그것이 금식이든지 기도이든지-영적 상승과 합일이라기보다는 그리스도가 연합의 이니시어티브를 갖는 그리스도 중심적 신비주의(Christ-centered mysticism)라 평가할 수 있다.

카파도기아의 수도원 창설자인 닛사의 그레고리(Gregory of Nyssa. 335-395)는 부정의 신학(apophaticism)을 창안했는데, 부정주의의 특색은 무한한 추구(epcktasis)다. 지상과 하늘나라에서의 기독교적 삶의 목표는 신적 본성을 끝없이 추구하는 것이다. 신비체험과 영적 상승의 두 방법은 첫째, 초탈(자기포기), 기도, 묵상, 신적 조명(divine illumination)이며. 둘째로 신적 암흑(divine darkness)이다. 신적 암흑 속에서 인간의 영혼은 심한 공포와 현기증을 느끼게 되며, 모든 사유와 개념들이 정지되고 하나님과 신비한 일치를 이루게 되며, 신의 임재를 통한 신화(神化) 과정에 진입하게 된다. 이는 우리 영혼의 가장 깊은 내면에서 하나님과 연합되는 것을 의미하며, 그것은 성육하신 그리스도를 통해서다.

저술보다는 자신의 제자인 존 카시안을 통해서 서방 기독교신비주의에 심대한 영향을 끼친 4세기 말의 헬라적 기독교신비가인 에바그리우스 폰티쿠스(Evagrius Ponticus. 345-399)는 타락한 이성적 피조물이 그 근원으로 복귀하는 세 단계를 제시했는데, 그것은 첫째 수덕생활(pratiktike), 물질세계에 대한 관상(physike), 그리고 하나님에 대한 관상(theologike)이다. 그는 인간의 죄된 생각을 로기스모스라 불렀는데, 로기스모스는 사람의 의지와 감정을 악으로 이끌어가는 죄악이다. 그것은 첫째로 욕구의 영역인 탐식, 성적 유혹, 탐심이며, 둘째로는 감정적 영역인 분노, 슬픔, 무기력이며, 마지막으로 정신적인 영역인 명예욕, 질투, 교만이다.

그에게 필수적인 것은 기도(proseuche)다. 그는 "만일 당신이 신학자라면 기도할 것이다. 만일 당신이 참으로 기도한다면 당신은 신학자다"라고 말했다. 그는 순수한 기도를 삼위일체에 대한 관상과 동일시했다.

## 8) 동방교회(Eastern Orthodox)의 영성

동방교회는 이성을 거부하지 않지만 이성주의의 교만을 거부하며 신앙에 접촉된 이성을 중시한다. 논리적 추론보다는 영적체험과 하나님께 대한 경외의 심정을 중시한다.

동방교회의 중요한 유산은 끊임없이 하는 마음의 기도인 예수기도(Jesus prayer)[14]다: "주 예수여, (죄인인) 제게 자비를 베푸소서"( Lord Jesus, have mercy on me the sinner"(눅. 18:13). 중세시대 이 기도는 정교회 수도사들에 의해 널리 사용된 바, 19세기 익명의 저서인 *Way of a pilgrim* (순례자의 길)으로 말미암아 이 기도가 러시아에서 서방으로 전해졌다. 이후 20세기에 이 기도는 동/서방에서 어느 시대보다 많이 사용되었다. 동방 정교회 안에는 정념(kataphatic)[15]과 무정념

---

14) 예수기도는 관상에 이르기 위해 하는 센터링 기도(centering prayer)에 사용하기도 하고, 무시간적으로 성령 안에서 하는 기도다.

15) 인간의 상상력과 감정을 사용하며 하나님께 접근하는 적극적인 시도.

(apophatic)[16]이 동시에 존재했고, 헤시케이아(Hesycheia)-마음의 정온(靜穩)이 중요한 전통이 되었다.

### 9) 서방(라틴) 수도원 운동

서방교회 수도생활의 초석을 놓은 기독교신비주의의 아버지인 성 어거스틴(St. Augustin 354-430)은 체험적으로 하나님을 발견하고 하나님과 연합했다. 그러나 '하나님과의 연합'이란 말을 어거스틴은 시용하지 않았다.

어거스틴은 "내면으로 들어가는 것이 곧 위로 올라가는 것이다"라고 했다. 그에 의하면 영혼의 근저로 들어가는 내향적 운동(enstatic movement)은 영혼보다 무한히 높으신 하나님을 발견하게 해주며, 따라서 자아를 넘어서 나가는 운동(ecstatic movement)으로 인도한다. "내 영혼 밖 어디서도 하나님을 찾을 수 없기 때문에 영혼 안으로 돌아올 때까지 이미 영혼을 사랑하고 계시는 하나님을 발견한다"고 말했다.

그에게 중요한 것은 육신이 되신 말씀과 연합하는 것이다. 그리고 믿음의 공동체 안에서의 형제자매의 사랑의 연합은 하나님을 보는 경험을 가능케 한다. 그는 "사람이 이웃의 궁핍함을 생각지 않은 채 관상에 몰두해서는 안 된다. 또는 활동에 치중하여 하나님에 대한 관상을 게을리해서도 안 된다"고 말했다. 그에게 있어서 신비한 삶은 사랑을 위한 여행(journey for the affection)이다.

---

16) 말과 상징을 초월한다. 왜냐하면 인간의 관념들은 하나님을 제한하기 때문이다. 그러므로 마음에서 그것들을 제거한다. 부정의 방법(via negative)이다.

존 카시안(John Cassian. 360?-432)은 사막의 수도사들이 즐겨 사용하는 용어인 무정념(apatheia)[17] 대신에 보다 긍정적이고 성경적인 용어인 "깨끗한 마음"(마태.5:8)을 택한다. 깨끗한 마음은 곧 사랑이다. 마음이 깨끗한 사람이 하나님을 볼 것이라고 약속한 마태복음 5장 8절을 따라, 카시안은 깨끗한 마음을 관상을 위한 준비로 본다. 그리고 은수사의 목표는 마음에서 세상적인 모든 것을 비움으로써 그리스도와 연합되는 것이다. 그리고 그는 "하나님이여, 나를 도우소서"라는 기도를 권장했다:

오, 하나님 나를 도우소서(O God, come to my assistance)
주여, 속히 나를 도우소서(Lord, make haste to help me)

## 10) 위디오니수스(Pseudo-Dionysus)와 교부들의 신비주의

후기 기독교신비주의의 두 번째 인물인 위디오니수스는 정화-조명-합일의 3단계 영성을 강조했다. 그가 강조한 말과 상징을 초월하는 무정념 신학(apophatic theology)은, 인간의 관념들은 모두 하나님을 제한하고 멀리하므로 하나님을 알려면 그것들을 마음에서 제거해야 함을 가르친다. 그것은 곧 부정의 길(via negativa), 즉 하나님께 합당치 못한 관념들을 모두 제거하는 길이다.

사람들은 위디오니스스의 신비주의는 근본적으로 교회적이며 예전적인 성격을 지녔다고 평가한다. "참된 신학자가 되려면 예전적으로

---

17) 무정념은 그가 말하는 8가지 악한 성향—탐식, 정욕, 탐욕, 화, 슬픔, 나태, 허영, 교만—을 극복함으로써 얻는 평정(tranquility) 혹은 초연(detachment)의 상태다.

기도해야 한다"는 그의 명언이 낳은 결과일 수도 있다. 그에 의하면 관상(theoria)은 하나님께 뿌리를 두고 있다. 왜냐하면 하나님(theos)이란 명사는 "바라보다"는 의미를 가진 *theasthai*에서 파생되었다고 생각했기 때문이다.

누르시아의 베네딕트(St. Benedict. 480-547)는 3가지 실천 강령을 수립했다. 그것은 첫째, 들일이다. 그에게 일하는 것은 곧 기도였다. 둘째, 거룩한 독서(Lectio Divina)인데 하루 4시간 거룩한 책 읽기를 했다. 셋째, 성무일도와 성체성사를 거행하는 전례다. 그에게서 그리스도인의 신비체험은 성체성사와 분리될 수 없다. 그에게 있어서 수도생활의 이상은 정온(stability), 순종(obedience), 그리고 겸손(humility)이며, 침묵(silence)이 덕이었다.

성 그레고리(St, Gregory)에게 있어서 관상적인 삶에 의해 완성되는 관상기도는 하나님과 이웃 사랑이다. 그에 의하면 적극적인 삶을 사는 영혼은 관상의 은혜를 얻을 수 있고, 신비한 이해에 도달할 수 있고, 내적 신비에 침투할 수 있다.

## 11) 중세 신비주의

중세신비주의에는 버나드 중심의 감정적 신비주의, 마이스터 에크하르트 중심의 지적 신비주의의 두 지류가 있다. 중세 신비주의는 신플라톤주의의 영향을 받았으며 신과의 교제를 목표로 한다. 하나님과의 합일을 목표로 하며 하나님과의 인격적인 관계를 강조하는 이면에 세상에서의 교회의 의미와 사명을 소홀히 했다. 수도원 운동은 육체와 세상을 피하거나 부정하는 영성을 산출했다.

끌레보의 성 버나드(St. Bernard of Clai9rvaux. 1090-1153)는 명상을 통해 얻어지는 신비체험을 추구했다. 그에게 있어서 하나님과의 합일은 융합이 아니라 사랑의 교제다. 신부의 뜨거운 사랑으로써 그리스도를 사랑하고 그분을 섬기고 교제하는 것이다. 버나드의 신비주의는 이전의 영적 상승신비주의의 흐름과는 달리 그리스도에 대한 현실적이고 구체적인 사랑과 섬김을 통해 달성되는 연합(unity)혹은 일치를 강조한 점에서 암부로스의 그리스도 중심적 신비주의와 맥을 같이한다.

그는 사랑의 4단계를 제시했다: 첫째, 영혼이 온통 자신만을 사랑하는 단계. 둘째, 자신을 위해 이웃을 사랑하는 단계. 셋째, 하나님을 위해 하나님을 사랑하는 단계. 넷째, 하나님을 위해 자신을 사랑하는 단계가 그것이다.

탁발교단의 성 프란시스( Franccis of Assisi. 1181-1226)는 자원하여 청빈과 가난의 길을 걸으면서 그리스도를 본받으려 했다. 그리스도를 닮음(Imitaio Christi)은 그리스도와의 연합 혹은 일치로 해석할 수 있다는 점에서 프란시스의 영성은 그리스도를 닮음의 신비주의로 평가할 수 있다.

도미니크회 수도사인 마이스터 에크하르트(Meister Eckhart. 1260?-1328?)는, 하나님은 긍정의 방법으로는 설명할 수 없으므로 부정의 방법(via negativa), 곧 기도와 묵상, 초탈을 통한 영혼의 정화에 의한 신비체험을 강조했다. 에크하르트는 인간의 내면의 깊이를 파고 들어간 그 깊이가 하나님의 깊이와 만나는 장소라고 말했다.

### 12) 16세기 유럽의 개신교와 카톨릭 종교개혁

마틴 루터(Martin Luther. 1483-1546)는 신비주의 전통을 존중한 사람이다. 하지만 그의 영성은 하나님께 도달하려는 인간의 모든 노력은 헛된 것이라는 인식으로부터 시작한다. 핵심은 우리가 하나님께 상승하는 것이 아니라 하나님이 우리에게 하강하시는 것이다.[18] 우리가 하나님을 찾는 것이 아니라 하나님께서 우리를 찾으신다(참조 요일4:10). 우리가 하나님께로 올라가는 대신 하나님이 우리에게 내려오신다.

루터가 신성으로의 신비적 상승에 대해 비판하면서 하나님께서 은혜의 수단을 통해 죄인에게 내려오신다고 주장한다면, 그는 일상생활의 신비주의자라고 할 수 있다.[19] 그는 영광의 신학에 반대하여 십자가의 신학과 십자가의 영성을 요구했다. 그는 『기독교의 자유』에서 영혼이 그리스도와 결혼하는 신비적 상징을 언급하기도 했다.

이에 반해, 쯔빙글리(Ulrich Zwingli. 1484-1531)는 오직 말씀의 영성만을 고집했고 예전적 의례는 전혀 강조하지 않았다. 그에게는 성경의 지식으로써 인간의 무지 극복이 최우선 관심이었다.

존 칼빈( John Calvin. 1509-1564)의 영성의 출발점은 신자와 그리스도의 신비적 합일이었다. 인간은 세례를 통해 그리스도와 결합하고 한평생 그 결합 안에서 성장한다. 그에게 있어서 모든 그리스도인은 그리스도와 연합하여 사는 신비가이다.

이그나티우스 로욜라(Ignatius of Loyola. 1491?-1556)는 관상의 목적을 하나님 사랑을 획득하는 것이라고 말했다. 그는 나름대로 영성수

---

18) 진 바이트. p. 25.
19) 진 바이트. p. 83

련 단계를 체계화했다.  1단계는 양심의 성찰, 2단계는 예수님의 공생애에 대한 명상, 3단계는 그리스도의 고난과 죽음에 대한 묵상, 마지막으로 부활의 영광에 참여한다.


### 13) 동방정교회

동방 정교회에서는 성산의 니코데무스(Nicodemus of the Holy Mountian. 1749-1809)와 코린트의 마카리우스(Macarius iof Corinth. 1731-1805) 두 사람이 모은, 오늘날까지 정교회 영성에서 가장 영향력 있는 저서인 "필로칼리아"(philokalia: "아름다움에 대한 사랑")를 읽음으로써 새로운 각성이 일어났다. 익명의 저자가 이 책의 메시지를 간추려 『순례자의 길』(*The Way of Pilgrim*)이란 제목의 책을 펴냈다.


### 14) 20세기의 카리스마 오순절 운동과 그 이후

오순절 운동은 18,19세기의 부흥운동을 표방했고, 관상적 영성가들의 하나님 체험을 도외시한 채 기적과 은사체험에만 몰두햇다.

금세기 최고의 영성가라 칭할 수 있는 관상생활을 사랑한 토마스 머튼(Thomas Merton. 1915-1968)은 경건서적 읽기, 기도, 육체노동을 하던 베네딕트회 규율을 따라 독거생활을 사랑했다. 그는 기독교 묵상과 불교의 명상 사이의 관계를 연구했다.

관상기도를 통해 하나님께 나아가는 길을 쓴 토마스 키딩(Thomas Kiding)은 관상기도를 하나님의 치유이자 하나님의 현존 속에서 쉬는 것으로 보았다. 그에 의하면 우리가 하나님의 품에서 쉴 때 변화(transformation)가 일어나는 데, 그것은 곧 인격의 틀이 바뀌는 것이다.  그는 기도의 단계를 서술했다: 1단계는 구송기도, 2단계는 자기 성찰기도, 3단계는 대화기도, 그리고 4단계는 관상기도다.

## 2. 관상기도란?

최근에 영성형성(Spiritual Formation) 운동에 있어서 관심의 대상이 되고 있는 한 분야는 관상(Contemplation)이다.  하지만 많은 사람들은 관상기도를 위로부터의 영성이라 평가하면서 관상기도의 위험성을 지적하고 나선다.

> 위로부터의 영성이 지닌 위험은 우리가 자신의 힘으로 하나님께 도달할 수 있다고 여기는 데서 발생한다. 하나님의 은총만이 우리를 변화시킬 수 있다. 우리의 덕행과 금욕, 또는 자기수련을 통해서는 하나님께 도달할 수 없다. 바리새인들은 위로부터의 영성을 추구했다.[20]

다른 한편, 하나님과의 합일이라는 관념과 체험에 대해서는 더더욱 신경을 곤두세우며 비판을 가한다. 어떻게 인간이 하나님과 합일될 수 있느냐는 것이다. 이는 젠(Zen)에서 추구하는 신일합일과 무엇이 다르냐는 것이다.

그러면 우선 관상이 무엇인지부터 간략하게 서술한 다음, 이에 대한 비판의 정당성을 논의해 보도록 하겠다.

---

20) 같은 책, p. 17

### 1) 관상(contemplation)이란 무엇인가?

먼저 관상은 사막을 찾는 일에서 시작했다. 관상생활이 출현한 곳은 바로 사막이다. 그리스도교 이전 시대에 사막은 하나님과 만나기 위한 장소였다. 토마스 머튼은 말한다:

> 수도원적 기도가 꽃핀 기후는 사막의 기후이다. 사막에서는 인간의 위로가 전혀 없고, 사막에서는 인간 도시의 안일한 일상들도 전혀 도움 되지 못한다. 그리고 사막에서는 오직 하나님에 따라 기도가 유지되어야 한다, 따라서 사막은 수도사가 은둔자로서 자기 존재의 내면적인 폐허를 탐구해야 하는 장소다. 사막 교부들은 사막이 하나님께 최상의 가치를 지닌 장소라고 확신했다. 사막은 오로지 자기 자신을 찾기 위해 애쓰는 사람들이 거주하는 장소다.[21]

사막에서부터 깊이 있는 영성을 추구하는 사막전통이 생겼다. 그리고 사막전통은 포기 선언과 실천적인 영성의 전통이다. 사막전통을 따르던 사람들에게 사막은 카타르시스(catharsis)의 장소, 벌거벗음(nakedness)의 장소, 고독(solitude)과 하나님의 신비로운 계시(mystical revelation)의 장소다. 사막전통은 이후에 헤시케이즘(hesychasm)인 침묵, 예수기도(Jesus prayer)를 토대로 해서 동방교회의 독특한 영성으로 꽃피게 되었다. 예수기도는 동방정교회 영성의 중심적인 요소로 발달했다.

캐더린 노리스(Kathleen Noris)는, 초대교회의 저자들은 자신들이 하

---

21) 케네스 리치. 224

나님의 현존을 경험한 것을 '관상'이란 단어로 전하려 했다고 말한다.[22] 유감스럽게도 교회의 처음 16세기 동안 관상기도는 성직자나 평신도 똑같이 크리스챤 영성의 목표로 간주되었다. 그러나 종교개혁 이후 살아있는 전통인 이 유산은 사실상 사라졌다.[23]

관상은 전통적인 묵상의 선상에 있지만 묵상보다 더 깊은 차원의 기도다. 그리고 관상은 궁극적으로 관계다. 하나님과 갖는 깊이 있는 관계이며 하나님과 연합하려는 의도성(intentionality) 있는 순수한 신앙의 길이다.


## 2) 관상의 목적

그러면 관상의 목적은 무엇인가?

첫째, 관상기도의 본질은 순수한 신앙의 길(the way of pure faith)이다. 그것은 생각의 부재(absence of thinking)라기보다는 그것들로부터의 분리(detachment)이며, 지성, 마음, 육체, 감정, 우리 전체를 하나님께 여는 것이다. 관상기도에 의해 성령께서 자기중심성(self-centerdness)을 치료하시고 우리의 의식 활동의 중심이 되신다.

둘째, 관상기도의 목적은 내적 변화 혹은 변형(inner transformation)의 과정을 촉진하는 것이다. 무의식의 창고에 응집되어 있는 모든 트라우마들(trumata), 콤플렉스(complex), 그림자들(shadows)을 위시한 왜곡된 인격들이 치유되어 온전한 사람으로 변형(Transformation)되는

---

22) 존 애커만. p. 103
23) 토머스 키딩. 「관상기도를 통해 하나님께 나아가는 길」 엄무광 역(서울: 카톨릭출판사, 2005), p. 11.

변화의 과정이다.

셋째, 관상기도는 우리 내면에 있는 천국을 찾는 길이다. 내면의 천국에서 우리는 하나님/그리스도와 일치(unity)를 이룬다. 앞에도 언급했지만, 인간과 신의 본질이 하나가 되는 것이 아니라(그렇게 말하는 것 자체가 불경스런 일이다) 하나님/그리스도와 깊은 사랑의 연합과 교제를 이룬다. 그런 면에서 일치 혹은 연합이라 말한다. 하나님이 자신을 분명하게 보여주시는 곳은 외부세계가 아니라 바로 우리의 내면이다.[24]

## 3) 관상하는 방법

### ① 거룩한 책읽기(Lectio Divina)

관상에 들어가기 전, 먼저 성경을 읽는다. 성경을 읽을 때에는 성령님의 거룩한 조명(illumination)과 감화와 도우심을 간구한다. 성경을 장(章) 단위로 읽은 다음, 한 구절을 선택하여 집중적으로 묵상한다.

### ② 묵상(meditation)

선택한 성경구절을 개인화(個人化)한다. 다시 말해, 자신을 성경 인물에 프로젝트(project)한다. 즉 내 자신이 성경에 등장하는 인물이 된다. 이때 필요한 것은 적극적 상상력(active imagination)이다. 성경 안으로 들어가서 주변의 인물, 장소, 환경과 지금 일어나고 있들을 살피며, 그 모든 것들이 지금 나에게 무엇을 의미하는지, 무슨 메시지를 전

---

24) 캘빈 밀러, 「하나님이 기뻐하는 삶」 김창대 역(서울: 브니엘, 2005), p. 22.

하는지 듣는다.

### ③ 오라시오(Oratio)

오라시오는 묵상한 말씀으로 하는 기도다. 즉 묵상한 말씀을 하나님께 되돌려 드리는 기도다. 말씀으로 하는 기도가 진정한 기도라 할 수 있다. 그리고 하나님의 말씀으로 하는 기도를 하나님은 가장 기뻐하신다.

### ④ 관상기도(contemplative prayer)

가장 편한 자세를 취한 뒤 하나님/그리스도 예수께 집중한다. 그리고 마음 속에서 일어나는 모든 생각의 단편들을 흘러 보내면서 센터링 기도[25](Centering Prayer)를 한다. 센터링기도는 거룩한 갈망(pia desidria), 즉 하나님을 갈망하는 기도이며 내면의 중심에 계신 하나님/주 예수 그리스도께 이르고자 하는 기도이며 내면의 천국에 이르고자 하는 기도다(하나님이 계신 곳이 천국이다).

우리 자신이 무지의 구름(cloud of unknowing)에 둘러싸여 있다고 생각하고(하나님께서 드러내실 무언가를 기대하며), 예수기도[26]의 축약된 형태나("주여, 긍휼히 여기소서" 혹은 "긍휼히 여기소서") "하나님" "주님"이란 한 단어를 사용하며 마음에 떠오르는 생각을 붙잡지 않고

---

25) 센터링 기도는 영혼이 각성되고, 영혼을 치유하고, 내면의 변화를 일으키는 신성한 컨테이너(the sacred container) 혹은 리미널 스페이스(liminal space), 곧 신성한 장소의 역할을 한다. 4세기 교부들에게는 사막이 그런 곳이었지만, 오늘 우리에게는 센터링 기도가 바로 그런 장소다.

26) 사막 교부들은 이 짧은 기도는 그 자체 안에 복음을 요약적으로 함축하고 있다고 확신하며, "쉬지 말고 기도하라"(살전.5:17)는 권고에 대한 반응으로 여긴다

그것들을 망각의 구름(cloud of forgetting)에 "흘러가게"(letting-go)한다. 어떤 단편적인 생각이 떠오를 때마다 이 단어들을 가지고 대답하며 그것들을 흘러 보낸다. 이와 같은 센터링 기도 과정에 하나님의 성령께서 우리를 위해 기도하시며 우리의 내면을 치유하시고 변화시키시는 일을 하신다.

아빌라의 테레사가 경험을 토대로 말한 바와 같이(앞의 아빌라 테레사를 참조하라), 우리는 우리 영혼의 가장 깊은 곳에서 하나님과 연합을 이룬다. 이것은 곧 우리 안에 있는 천국을 발견하고 천국을 체험하는 것이다. 내면의 천국에 도달한 사람-내면 가장 깊은 곳에서 하나님과 연합을 이룬 사람(ego-Self-Axis)은 이제 세상 사람들을 섬기기 위해 밖을 향한다(Self- World-Axis).


### 4) 신화

관상기도와 더불어 한 가지 논의가 불가피하다. 그것은 신화(deification)의 문제다.

갑파도기아 신학자들은 기독교의 구원론은 신화(deification)에 있다고 보았다. 이레니우스와 아타나시우스의 전통에 따라 갑파도기아 신학자들은 그리스도는 우리가 신이 되게 하기 위해서 인간이 되셨다는 진술을 소중히 여겼다.[27] 이들은 그리스도인의 최고 목표를 신화로 이해했다. 신화는 인간이 하나님의 본질을 갖는 것이 아니라 하나님의 거룩하심에 참여하는 것이다. 그런 면에서 신화는 절대적인 변화가 아니라 상대적인 변화다. 궁극적으로 신화는 성령의 사역이다

---

27) 정승훈. p. 52.

하나님의 말씀이신 예수 그리스도가 십자가와 부활의 사역을 통해 우리에게 제공해 준 신화는 오로지 성령 안에서만 가능하다. 결국 성령 안에서 그리스도를 통한 신화는 동방교회의 구원론의 토대를 이룬다.[28]

신화는 동방교회의 전통이다. 그분의 몸인 교회 안에서 그리스도는 세례와 성만찬을 통해서 그리스도인을 자신과 연합시키며 신화(theosis)를 향한 삶을 살아가게 하신다.

그런데 신화에 대한 다른 관점-루터와 칼빈의 관점은 독특하다.

루터는 인간의 의로움과 업적에 근거한 신화를 비판했다. 신비주의자들이 추구하는 "정화-조명-신비한 합일"에 이르는 신화의 과정이 인간의 자유의지와 영적 노력에 달려 있는 것이라면, 그러한 신화는 루터에게는 거지의 일에 불과하다. 루터는 하늘로의 고양과 상승이라는 노력을 통한 인간의 신화를 비판한다.

루터에게 있어서 신화는 우리 안에 내주하시는 신비한 그리스도가 이루어가는 사역이며 성령의 능력을 통해 주어진다. 신화는 동방교회처럼 신적 의지와 인간의 자유로운 합력(synergism)이 아니라, 말씀과 성례를 통해 우리의 죄를 용서하시고 항상 새롭게 갱신하시는 성령의 능력에 완전히 달려있다.[29]

그러면 칼빈은 어떤가?

칼빈은 신비한 연합의 과정에서 하나님과 인간 사이의 무분별한 동

---

28) Ibid., p. 117.
29) Ibid., p. 121

일화가 이루어지거나, 또는 인간 존재가 신적 본질로 고양되는 것을 허락하지 않는다. 칼빈의 신비한 연합은 형이상학적 사변 내지 개인주의적 신비주의를 말하지 않는다. 그것은 우리를 위해 육신이 되신 그리스도에 근거한다. 그것은 삶의 혁신적 변화(radical change)이며, 성령 안에서 살아가는 새로운 삶의 변혁(reformation of life in Spirit)이다. 왜냐하면 기독교 영성은 하나님 나라를 향한 진보적 삶과 동시에 이 세상을 향한 윤리적 실천을 낳기 때문이다.[30]

달리 표현하여, 칼빈의 신화는 성화(Sanctification)다. 성화는 지상의 한 시점에서 일어나는 완전이 아니라 성령의 역사적인 활동에 의해 끊임없이 갱신되고 변화되는 종말론적인 과정을 갖는다. 그런 면에서 칼빈의 신화는 항상 갱신(semoer reformanda)의 특징을 갖는다. 신자는 성령 안에서 말씀과 성례를 통해 그리스도와 신비한 연합을 이룬다.[31]

---

30) Ibid., p. 74.
31) Ibid., p. 88.

# 결론

예수는 "천국은 네 안에 있다"고 말씀하셨다. 그렇다면 천국을 향하는 우리들 영혼의 순례자들은 우리 내면에 있는 천국으로 향하는 길을 찾아야 할 것이다.

역사적으로 메르카바 신비주의를 비롯하여 기독교신비주의자들은 영혼의 상승으로 신과 합일하려했다. 한편 어거스틴을 위시한 몇 몇 걸출한 인물들은 내면으로 들어가는 것이 곧 위로 상승하는 것이라고 했다. 루터와 칼빈 같은 이들은 위로부터의 영성 곧 신비주의의 위험성을 지적하면서 그리스도와의 연합을 이상으로 내세웠다.

기실 영혼의 상승은 우리의 영혼이 육체를 이탈하여 위로 상승하는 것이 될 수 없다. 영혼의 상승은 아빌라의 테레사의 신비경험처럼 관상 기도로 내면, 곧 영혼의 성으로 들어가는 것이다. 영혼의 성은 존재의 가장 깊은 차원이다. 영혼의 성에서 하나님과 연합하는 것은 다름아닌 하나님을 경험하는 것이다. 이 모든 영혼의 여정 혹은 순례는 그리스도의 말씀 안에서 진리의 성령께서 인도하신다. 그리고 성령께서는 우리 안의 자아중심성, 상처들, 그림자, 콤플렉스 등 우리를 왜곡시키는 것들을 치유하신다. 물론 그 이전에 그리스도의 보혈은 우리 죄를 깨끗케 하신다.

영혼의 성 안에서 하나님/그리스도와 만나는 자아-자기-축(ego-Self-Axis)이 형성되면, 반드시 열매가 뒤따른다. 그 열매는 자기-세계-축(Self-world-Axis)의 형성인 바, 하나님을 사랑하고 자기를 사랑하듯 이웃을 사랑하여 섬기는 관상적인 사랑의 삶을 살게 된다. 본 회퍼가 언급한 데로 하나님의 은혜는 값싼 은총이 아니므로 그리스도와 연합을 이룬 자는 자신을 부인하며(부인은 케노시스 곧 비움이라고 할 수 있다) 고난이라는 대가를 지불하면서까지 그리스도를 뒤따르는 제자도를 실현한다. 은혜가 은혜다울 수 있는 것은 그리스도를 따름 때문이다. 그런 면에서 현 시대의 왜곡된 그리스도교 영성, 곧 자기확장을 부추기는 가운데 하나님을 나의 욕구를 채워주거나 만족시켜 주는 "도구로서의 하나님"으로 삼는 축복 일변도의 메시지, 성공신화 등은 그리스도교 신앙의 외도라고 말할 수 있다.

거룩하신 하나님은 궁극적으로 "그 아들의 형상"을 우리 안에 이루시기 위해 우리를 부르신 것이지, 이 세상의 것을 만족시켜 마음대로 사용하게 하기 위해 부르신 것이 결코 아니다. 그러므로 그리스도를 아는 지식과 그의 은혜 안에서 자라는 그리스도인은 자신과 세상을 상대화시키고 하나님의 아들 주 예수 그리스도를 절대화하는 관상적인 그리스도인(contemplative Christian)이다.

예수 그리스도를 가진 자는 모든 것을 가진 자다(Qui a Jesus a tout).

## 참고도서

### 1.원서

Ashbrook James. The Brain & Blief. USA: Library of Congress, 1988.

Benner David. Desiring God's Will. IL: Downwers—Grove, 2005.

Brown Robert Acafee. The Spirit of Protestantism. London, NewYork: Oxford University Press, 1965.

Dillengerg John. "Two Kinds of Righteousness", Martin Luther. USA: Library of Congress, 1961.

Eliade Mircea. The Sacred and Profane. SanDiego, New York, London. A HarvestBook, 1987.

______. The Myth of Eternal Return. NY: Princeton University Press, 1991.

Erikson Erik. Identity and Life Cycle. NY: W.W. William Morrow & Co. Inc., 1992.

Frankl Viktor E. Man's Search for Meaning. NY, London, Washington: Square Press, 1984.

Hardesty Nancy A. Inclusive Language in the Church. Atlanta: John Knox Press, 1987.

Hessert Paul. In Liew of Meaning. Chicago: SCM Press, 1933.

Jung C. G. "Two Essays on Analytical Psychology": The Collective Works of C.G.Jung. vol.7. trans. R.F.C Hill. NY: Princeton University Press, 1977.

Habito Ruben L. Living Zen, Loving God. Boston: Wisdom Publication, 2004.

Klama John. Aggression: The Myth  of the Beast. NY: John Wiley & Sons, 1988.

Lambrecht  Jan & Thompson Richard W. Justification by Faith. Washington, Delaware: Michael Glazier, 1989.

Leech Kenneth. Spirituality & Pastoral Care. Cambridge, MA: Cowelery Pub., 1989.

Moltman Jurgen. The Way of Jesus Christ. trans. margaret Kohl. NY: HarperSanfrancisco, 1990.

Moore Thomas. Soul Mates. NY:harpwerCollins Pub., 1994.

Nouwen Henri J, Mcneil Donald P. Compassion. NY, London: Image Books, Doubleday, 1982.

Muto Susan Anneto. Pathway of Spiritual Living. MA: St. Bedes Pub., 1984.

Pannenberg Wolfhart. Jesus—God & Man. trans. Lewis L. Wilkim. Philadelpia: The Westminster Press, 1977

Pettit Paul ed. Foundation of Spiritual Formation. Grand Rapids, MI: 2008.

Spitz Lewis W. ed. The Protestant  Reformation. New Jersey: Englewood Cliffs, 1966.

Teresa of Avila. Interior Castle. NY: Doubleday, 1961.

Turner Victor. The Ritual Process. NY: Cornell University Press, 1991.

Tournier Paul. The Healing of Persons. NY, Evanston, London: Harper & Low Pub., 1965.
Wilber Ken. No Boundary. Boston, London: Shanbbala, 1979.


## 2.국내서적

고든 멕도날드. 「내면세계의 치유와 영적성장」호오하옥 역. 서울: 한국기독교학생회출판부, 2002.
김남준. 「개혁신학과 관상기도」서울: 열린교회출판부, 2011.
김 진. 「침묵의 영성」서울: 엔크리스트, 2003.
니코디모스. 마카리오스. 「필로칼리아」엄성옥 역. 서울: 은성, 2007.
도로테 죌레. 「고난」채수일, 최미영 공역. 서울: 한국신학연구소, 1993.
두에인 술츠. 「성장 심리학」이혜성 역. 서울: 이화여자대학출판부, 1996.
데니스 킨로. 「그리스도의 마음」홍성철 역. 서울: 세복, 2000.
데이빗 A. 시멘즈. 「상한 감정의 치유」서울: 두란노, 1987.
데이빗 프라이어. 「고난과 영광」이옥화 역. 서울: 두란노, 1991.
디이트리히 본회퍼. 「디이트리히 본회퍼 묵상52」이신건 역. 서울: 신앙과 지성사, 2010.
드아드즈 라누에. 「헨리 나우웬과 영성」유해룡 역. 서울: 예영, 2004.
로렌스 자피. 「마음을 해방하기」심상영 역. 서울: 한국심층심리연구소, 2004.
            .「융 심리학과 영성」심상영 역. 서울: 한국심층심리연구소, 2010.
            . 「마음을 해방하기」심상영 역. 서울: 한국심층심리연구소, 2010.
로버트 블라이. 「남자만의 고독」이희재 역. 서울: 1992.
로핑크. 「예수는 어떤 공동체를 원하셨나?」정한교 역. 서울: 분도출판사, 1985.
루이스 M. 세이버리. 「꿈-내 마음의 거울」정태기 역. 서울: 크리스챤치유목회연구원, 1999.
러셀 윌링엄. 「관계의 가면」원혜영 역. 서울: IVP, 2006.
레이몬드 크레이머. 「예수님의 심리학과 건강」정동섭 역. 서울: 생명의 말씀사, 1991.
라즈니쉬 B. S. 「신비주의자의 노래」류시화 역. 서울: 우성구도서관, 1978.
루이스 C.S. 「고통의 문제」니종태 역. 서울: 홍성사,2002.
리쳐드 포스터.「돈, 섹스, 권력」심영호 역. 서울: 두란노, 1985.
마크 맥민. 디모티 필립스(편). 「영혼 돌봄의 상담학」한국복음주의 기독교상담학회 역. 서울: 기독교
    문서선교회, 2006.

마이크 월크슨. 「고통받는 삶은 어떻게 구원을 얻는가?」주지현 역. 서울: 좋은 씨앗, 2012.

맥시 더남. 「그리스도인의 문제를 어떻게 극복할 것인가?」하도균 역. 서울: 세복, 2004.

멀치아 일리아데. 「대장장이와 연금술사」이재실 역. 서울:문학동네, 2003.

방성규. 「모래와 함께 살던 사람들의 이야기」서울: 이레서원, 2002.

부루스 다마레스트. 「영혼을 생각나게 하는 영성」김석원 역. 서울: 쉴만한 물가, 2004.

베니 토마스. 「크리스챤이 꾼 꿈 뜻」서울: 나침반, 2001.

베레나 카스트. 「꿈-당신을 변화시키는 무의식의 힘」원석영 역. 서울: 프로네시스, 2007.

벤 존슨. 「목회영성」백상렬 역. 서울: 도서출판진흥, 1995.

버나드 맥긴. 「신비주의의 역사」방성규, 엄성옥 공역. 서울: 은성, 2000.

비키 제니아. 「영적발달과 심리치료」김병오 역. 서울: 도서출판대서, 2010.

빅터 프랭클. 「극한 상황 속의 인간 심리 분석」심일섭 역. 서울: 도서출판 한글, 1996.

　　　　「무의식의 신」정태현 역. 서울:분도출판사, 1979.

손봉호. 「고통받는 인간」서울: 서울대학교출판부, 1988.

서인석(편). 「성서와 영성수련」서울: 성바오르출판사, 1992.

션 던. 「첫 걸음부터 주님과 함께」전형국 역. 서울: 세복, 2011.

심상영. 「한국교회의 영적성장을 위한 융의 분석심리학」서울: 쿰란출판사, 2001.

스텐리 템. 「하나님의 회초리」성미영 역. 서울: 세복, 2000.

스티브 브라운. 「당신의 끝은 하나님의 시작입니다」주원열 역. 서울: 아가페, 2003.

스코트 □.M. 「끝나지 않은 길」김창선 역. 서울: 소나무,1993.

안셀름 그린. 「구원」한충식 역. 서울: 분도출판사, 2010.

알리스트 맥그라스. 「종교개혁 시대의 영성」박규태 역. 서울: 좋은 씨앗, 2005.

엔드류 머레이. 「나를 허물고 주님을 세우는 삶」박이경 역. 서울: 아가페, 2004.

엔 올라노프. 「영성과 심리치료」이재훈 역. 서울: 한국심리치료연구소, 2005.

요나단 에드워드. 「참된 신자가 되라」이기승 역. 서울: 씨뿌리는 사람들, 2007.

요한 클리마쿠스. 「거룩한 등정의 사다리」최대형 역. 서울: 은성, 2006.

에리히 프롬. 「지유에서의 도피」서울: 동서문화사, 1976.

월터 카이저. 「치유자 예수님」김진옥 역. 서울: 선교횃불, 2009.

웨인 오우츠. 「그리스도인의 인격장애와 치유」안효선 역. 서울: 에스라서원, 1996.

이블린 언더힐. 「예수 그리스도의 신비주의」배덕만 역. 서울: snaps, 2009.

조이스 마이어. 「하나님과의 친밀한 사귐」서울: 두란노, 2005.

제임스 롱. 「내가 주님을 가장 필요로 할 때 주님은 왜 침묵하시니까?」 박동남 역. 서울: 나침반사,
    1996.
조지프 댄. 「유대교의 신비주의: 카발라」 이종인 역. 서울: 아티쿠스, 2010.
존 번연. 「놀라운 하나님의 사랑」 허미순 역. 서울: 기독교문사, 2005.
        .「죄인에게 주시는 은총」 임화순 역. 서울: 대한기독교출판사, 1979.
        .「죄인 괴수에게 넘치는 은혜」 이길상 역. 서울: 규장, 2009.
존 웰치. 「영혼의 순례자들」 심상영 역. 서울: 한국기독교연구소, 2000.
존 센포드. 「융 심리학, 악, 그림자」 심상영 역. 서울:한국심층심리연구소, 2010.
        .「내 안에 있는 천국」 이기승 역. 서울: 두란노, 1999.
        .「꿈: 하나님의 잊혀진 언어」 정태기 역. 서울: 대한기독교서회, 1988.
        .「융 심리학과 치유」 심상영 역. 서울: 한국심층심리연구소, 2010.
        .「영혼과 육체의 치유」 문종원 역. 서울: 생활성서, 2006.
존 D 갓시. 「디이트리 본회퍼의 신학」 유석성, 김성복 공역. 서울: 대한기독교서회, 2006.
정성훈. 「종교개혁과 칼빈의 영성」 서울: 대한기독교서회, 2000.
정의창. 「당신도 꿈 해석자가 될 수 있다」 서울: 쉴만한 물가, 2005.
진 바이트. 「십자가의 영성」 엄진섭 역. 서울: 컨콜디아사, 2004.
캔달 R.T. 「자기용서」 심신애 역. 서울: 조이선교회, 2009.
캘빈 밀러. 「하나님이 기뻐하시는 삶」 김창대 역. 서울: 브니엘. 2005.
케네스 보아. 「기독교 영성 그 열두 스펙트럼」 송원준 역. 서울: 도서출판 디모데, 2001.
케네스 리치. 「영혼의 친구」 신선명, 신현복 공역. 서울: 아침, 2006.
폴 투니어. 「모험으로 사는 인생」 정동섭, 박영민 공역. 서울: 한국기독학생회출판부, 1995.
        .「인간 장소의 심리학」 사울: 보이스사, 1983.
        .「창조적 고통」 김기복 역. 서울: 전망사, 1986.
프라스 보아. 「융 학파의 꿈 해석」 박현순, 이창인 공역. 서울: 학지사, 2004.
필립 얀시. 「아, 내 안에 하나님이 없다」 차성구 역. 서울: 좋은 씨앗, 2000.
토마스 머튼. 「고독 속의 명상」 장은영 역. 서울: 성바오르출판사, 1933.
토마스 키딩. 「관상기도를 통해 하나님께 나아가는 길」 엄주광 역. 서울: 카톨릭출판사, 2003.
하라사끼 모꼬꼬.「내 눈물이여, 내 노래가 되라」 서울: 컨콜디아사, 1985.
헤럴드 S. 스쿠너. 「착한 사람이 왜 고통을 받습니까?」 김래상 역. 서울: 심지사, 1983.
헤럴드 스미스. 「야베스의 축복원리」 조재광 역. 서울: 생명의 말씀사, 2000.

휴 홉킨스. 「고난의 비밀」홍성철 역. 서울: 생명의 말씀사. 1972.


3.전집

내촌감산. 내촌감산 전집. 제8권 서울: 크리스챤서적, 2001.


4. 사전

국어국문학회. 국어대사전. 민중서관, 2000.